Sich von Hetze und Selbstausbeutung befreien. Vom Dasein als perfekte Frau, die alles hinkriegt: Karriere, Familie, ein hübsches Eigenheim, fit und glücklich sein. Wer hat nicht schon einmal daran gedacht, einfach auszubrechen? Nataly Bleuel hat das getan. Sie hat sich aufgemacht, ihr Leben zu ändern – und das System um sie herum. Mit einer persönlichen Revolte, die zu einem mutigeren Leben führen soll, und die alle Bereiche des Daseins betrifft. Eine mitreißende Anstiftung, Widerstand zu üben, Abenteuer zu suchen und sich endlich das Leben zu nehmen, von dem man immer geträumt hat!

NATALY BLEUEL, geboren 1967 bei München. Sie studierte Lateinamerikanistik, Soziologie, Germanistik und Geschichte und war an der Hamburger Henri-Nannen-Schule. Sie war Kulturredakteurin, Reporterin und Kolumnistin bei Spiegel Online in Hamburg. Heute lebt sie in Berlin und schreibt u.a. für »Zeit-Magazin«, »Brigitte«, »Merian«, »Beef«, »Nido«, sueddeutsche.de. Vor allem aber reist Nataly Bleuel jetzt als Journalistin immer wieder dahin, wo die Verhältnisse und Bräuche andere sind, wo sie begreift, dass die Welt so viel mehr ist als ihr Viertel, ihr Lebensentwurf.

Nataly Bleuel

Ich will raus hier

Anstiftung zu einem mutigeren Leben

btb

Der Verlag weist ausdrücklich darauf hin, dass im Text
enthaltene externe Links vom Verlag nur bis zum Zeitpunkt
der Buchveröffentlichung eingesehen werden konnten.
Auf spätere Veränderungen hat der Verlag keinerlei Einfluss.
Eine Haftung des Verlags ist daher ausgeschlossen.

Verlagsgruppe Random House FSC® N001967

1. Auflage
Genehmigte Taschenbuchausgabe Februar 2017,
btb Verlag in der Verlagsgruppe Random House GmbH,
Neumarkter Str. 28, 81673 München
Copyright © der Originalausgabe 2015 by Verlag Herder GmbH,
Freiburg im Breisgau
Copyright © 2015 by Natalie Bleuel
Umschlaggestaltung: semper smile, München
Druck und Einband: GGP Media GmbH, Pößneck
mr · Herstellung: sc
Printed in Germany
ISBN 978-3-442-71422-3

www.btb-verlag.de
www.facebook.com/btbverlag
Besuchen Sie auch unseren LiteraturBlog www.transatlantik.de

»Der Wind weht durch die jungen Birken;
ihre Blätter zittern so schnell, hin und her, dass sie ... was?
Flirren?«
Kurt Tucholsky

INHALT

EIN VORSATZ AM ANFANG

Am Abend davor haben wir ein Lagerfeuer gemacht. Mein Sohn holte sich ein Kissen und eine Decke und blickte in die flackernden Flammen. Es war der erste schöne Tag im Jahr. An diesem Mittag war er früher aus der Schule gekommen, er hatte Bauchweh. Gleich sollte es losgehen: Der Papa würde mit den beiden Jungs zu den Großeltern in die Osterferien fahren. Ich wollte später nachkommen. Seit Tagen sprach der Kleine vom Ferienbeginn, bis dahin hatte er sich etwas vorgenommen, doch jetzt schien die Zeit zu knapp. Er lag schwach auf dem Teppich. Schließlich sagte er: »Bring mir ein Blatt und einen Füller.« Dann schrieb er in großen Druckbuchstaben: Liebe E., ich liebe dich. Dein M.

Was passierte, beginnt für mich nicht mit dem Unfall. Ich lasse es nicht mit dem Unfall beginnen. Im Nachhinein, wenn ich die Geschichte erzähle, anderen, mir und uns. Selten war mir so bewusst, wie entscheidend es ist, wo man eine Geschichte anfangen und wann man sie enden lässt. Wann das Leben aufhört und der Tod naht. Und wie man beides zusammenbringt. Denn wie ich diese Geschichte erzähle, so versuche ich, ihr einen Sinn zu geben. Meinem Leben. Dem meines Kindes. Unserer Familie. Und überhaupt.

Mein kleiner Sohn, den ich hier nur M. nennen möchte, war, als er den ersten Liebesbrief seines Lebens schrieb, sieben. Danach schlief er auf dem Teppich ein. Zu meinem Freund sagte ich, er könne ihn ins Auto tragen. Sein großer

Bruder saß schon darin. M. wachte von selbst auf. Ich stellte die beiden Kindersitze ein und schloss die Gurte, wie ich es immer tue vor langen Fahrten. Ich habe mal ein Buch übers Mutterwerden beendet mit dieser Szene: Wie ich winkend dem Auto nachblicke, in dem meine Kinder wegfahren, und vor meinem inneren Auge einen Kinderschuh an einem Unfallort sehe. Wie immer blickte ich, winkend, dem Auto nach und dachte: Wenn es passiert, passiert es. Du musst jetzt loslassen.

An meinen Freunden habe ich beobachtet, dass der Mensch oft eingeholt wird von dem, was ihn aus seiner Vergangenheit treibt. Warum ist es so, dass die tiefsten Ängste wahr werden?

Ich ging in mein Büro. Um 15.04 Uhr, am 29. März 2012, bekam ich eine Mail von meiner Mutter mit dem Betreff: Schlechte Nachrichten. Diese Mail löschte ich nicht. All die Anrufe auf der Mailbox meines ausgeschalteten Handys und auf dem Anrufbeantworter zu Hause schon. Sofort, im Moment des Löschens, dachte mein Hirn an den Film, den ich dreimal gesehen hatte: »21 Gramm«. Es heißt, wir alle verlieren 21 Gramm in dem Moment, da wir sterben. Die Mutter, deren Mann und Kinder durch ein Auto getötet wurden, hört da immer wieder deren letzten Anruf ab. Ich dachte: unmöglich. In den folgenden Stunden, Tagen und Nächten hörte mein Hirn dann auf, das, was passierte, einzuordnen. Es konnte sich nicht mehr orientieren.

Die Nachricht: »Soeben 14:50 rief N. an, weil er dich nicht erreicht. Er hatte einen Unfall. Einer hinter ihnen ist voll auf euer Auto aufgefahren: Totalschaden. M. blutet, E. hat Kopfweh. Der Krankenwagen war gerade gekommen. N. geht's auch nicht gut. Bitte versuch ihn zu erreichen, damit er dir sagen kann, wohin du fahren musst.« Ich rief meinen Freund an. Er weinte. Und sagte, es sei nicht so schlimm. Er würde mir gleich sagen, in welches Krankenhaus ich kommen sollte.

Ich sprang auf. Wie kam ich sofort da hin? Es war eine von den Situationen, auf die man sich mit Erste-Hilfe-Kursen vorbereiten zu können glaubt. Ich war gelähmt und wusste, dass ich sofort etwas tun musste. Aber was? Und wie?

Wir befanden uns ab jetzt im Schock. Es war, als stünde ich im Nebel. Mein Denken setzte aus. Doch gleichzeitig sprang der Instinkt an wie Notstrom. Ich sah mit dem Hirn nichts, aber mit dem Herzen luzide. Ich wusste sofort, wen ich anrufen musste. Wer und was wichtig ist. Das könnte ein Grund sein, weshalb aus großem Unglück neue Ordnungen hervorgehen können. Weshalb sich manche Paare nach schweren Unfällen trennen. Weshalb die Menschen plötzlich alles ändern: Jeder – Eltern und Kinder, Großeltern und Freunde – wird wesentlich. Es ist tatsächlich ein Moment der Wahrheit.

Ich rief meine Freundin an. Ich rief meine Mutter an. Ich rief eine Freundin an, die Ärztin an der Berliner Charité war. Meine Freundin sagte, sie komme sofort, um mit mir zum Krankenhaus zu fahren. Die Ärztin war auf Standby für medizinische Hilfe und Rat.

Dann rief N. an und sagte, M. sei mit dem Hubschrauber weggeflogen worden. Er habe Blut erbrochen. Er und E. würden in Krankenwagen gefahren. Als ich das Wort Hubschrauber hörte, wusste ich es. Ich heulte wie eine Sirene ins Telefon, als meine Mutter dran ging. Sie weinte auch. Das tat sie selten in Not. Jetzt spiegelte sie mein Wissen, ohne dass wir es aussprachen: Mein Kind kann sterben.

N. war auf der Autobahn, 120 Kilometer südwestlich von Berlin, in einen Stau gekommen. Er blickte in den Rückspiegel – und sah das Auto mit unverminderter Geschwindigkeit auf unseres zurasen. Er konnte nichts tun. Das Auto mit den Kindern war eingekeilt. Er schrie. Es gab einen Knall. Die Airbags vorne platzten auf. Er drehte sich um. Der Große schien unverletzt. Der Kleine blutete im Gesicht. N. bekam die Türen hinten nicht auf. Er zog den blutüberströmten M. innen nach vorne. Der sagte, es sei alles okay. Während sie auf den Notarzt warteten, wurde er immer stiller und schien einzuschlafen. Das war N.s Version. E. sagte, er habe Papa schreien hören, dann habe es geruckelt, dann habe M. geblutet. Die Polizei sagte, es sei ein schöner Tag gewesen, keine Kurve, kein Hügel, klare Sicht. Keiner verstehe, weshalb der Unfallverursacher nicht abgebremst habe. Hatte er telefoniert? An der Musik rumgespielt? Eine SMS getippt?

Die Autobahn war gesperrt, wegen unseres Unfalls. Ich wollte mit dem Zug fahren, allein. N. rief an und sagte, ich solle in die Notaufnahme im Auenweg 38 kommen. Das hätte ich auch selbst herausgefunden. Was war los? Er schwieg, er stotterte. Dann sagte er: M. hat Schädel- und Schädelbasisbrüche, viele.

Mein Körper blieb stehen. Aber das, was in mir war – meine Energie, meine Gefühle, mein Inhalt – sackte nach unten. Ich tappte zum Speisewagen, nahm ein Bier und rief meine Freundin in der Charité an. An ihrer Reaktion merkte ich: Ich mache mir nichts vor. Mein Kind kann sterben. Sie erklärte mir, dass man Schädelbasisbrüche operieren muss. Dass sie mit ihrem Neurochirurgen spreche und auf ihrer Intensivstation ein Bett frei zu machen versuche. Dass ein

Transport zu riskant sein könnte. Dass sie sich mit dem Klinikum in Verbindung setze. Sie sagte nicht: Das wird schon. Solche Worte wurden jetzt nicht mehr gemacht.

Ich umgriff die Flasche und versuchte, die Langsamkeit des Zuges zu ertragen. Vielleicht schaffte ich es nicht rechtzeitig. Mein Sohn würde sterben, ohne dass ich ihn noch einmal lebend gehalten hätte. Doch er würde sterben und hätte Liebe erfahren. Mit sieben. Er hätte eine fröhliche Kindheit gehabt. Er ist – er wäre gewesen – ein lustiger, unbeschwerter Junge. So dachte ich, im Zug, und der Gedanke gab mir Kraft. Während er meinen Freund auf der Intensivstation zusammenbrechen ließ.

Da lag meine Familie. Zuerst nahm ich E. in die Arme. Er war unverletzt, sollte aber nach dem Schock beobachtet werden. Mit geweiteten Augen schaute er mich an und weinte. N. hatte eine Platzwunde am Hinterkopf und eine Gehirnerschütterung. Er schluchzte. Auch er musste gehalten werden. Ich lief zwischen den beiden hin und her. Im Vorbeigehen hatte ich M. in einem Raum liegen sehen, zwischen Apparaten, im künstlichen Koma.

Ich ging zu ihm. Wir würden nun zu tun haben mit den Kinderärzten der Intensivmedizin, mit Neurochirurgen, Hals-Nasen-Ohren-Ärzten, Anästhesisten, Augenärzten, Psychologinnen, Physiotherapeutinnen, Ergo- und Logotherapeutinnen, Osteopathen, mit vielen Schwestern und einer Seelsorgerin. M. hatte sieben Schädelbrüche und Schädelbasisbrüche im Stirnbereich. Seine Nebenhöhlen waren zersplittert wie eine Tasse. Splitter ragten in die Augenmuskeln und Knochen Richtung Gehirn. Das war sicher. Vermutlich waren die Gehirnhaut durchstochen und der Geruchssinn zerstört. Weitere mögliche Komplikationen: Verletzungen des Gehirns. Anzeichen: Anstieg des Hirndrucks. Mögliche Folgen: motorische, geistige, psychische, sensuative, neuronale, soziale, letale. Persönlichkeitsveränderungen. M. wurde intubiert und sediert. Aus seinem Körper ragten ein gutes Dutzend Schläuche, Katheder und Drainagen.

Ich setzte mich neben ihn. Er war fast nackt. Sein Brustkorb hob und senkte sich, als schliefe er friedlich. Sein Körper wirkte gesund und stark, wie immer. Doch ich wusste, dass sein Kopf zerschmettert war. Ich schaute dem Atmen zu, streichelte ihn und dachte: Wenn er nicht mehr sehen, nicht mehr laufen, sprechen und essen kann – egal. Ich nehm' alles. Aber er soll leben. Er soll lachen. Dieses Wesen soll bleiben.

Gebetet habe ich nicht. Es war der Zufall. Ich starrte auf die Hirndruckkurve. Wir befanden uns in den Händen der Intensivmedizin. Jetzt war ich ihr dankbar. Und staunte, wie fern wir waren von der Welt, in der wir bislang leben konnten. In der homöopathische Dosen ausreichten. Und Worte. Denn unter diesen Medizinern war ich in einer Welt des Faktischen. Was ist? Was tun wir als Nächstes? Diese Welt und ihre Sprache waren mir fremd. Ich kam aus einer Welt des Spekulativen: Was wäre, wenn? Was könnte sein? Was glaubst du, dass ...? Kein Arzt würde mir auf solche Fragen antworten.

Am späten Abend sagte der Kinderarzt, er sei verhalten optimistisch, weil der Hirndruck bislang relativ stabil sei. Der Neurochirurg aber verzog keine Miene und sagte: »Ihr Sohn hat sehr schwere Kopfverletzungen.« Ärzte sind auch nur Menschen mit unterschiedlichen Persönlichkeiten. Ich befragte sie alle, und nicht nach dem, was ich hören wollte.

Der Intensivarzt sagte, ich sei stressresistent. Ich selbst kam mir vor wie ein Roboter: Denken und Fühlen abgeschaltet. Ein Schritt nach dem anderen. Gelenkt von den Ärzten. Wir hatten gegenläufige Sichtweisen. Ich kannte ein gesundes Kind und sah es zerstört im Krankenhaus wieder. Die Ärzte und Schwestern sahen einen kaputten Menschen und wollten ihn lebend kennen. Sie wollten, dass M. lebte. Ich vertraute ihnen.

E. fragte, in seinem Bett liegend, was wäre das Schlimmstmögliche, das mit M. passieren könnte? Ich starrte meinen Sohn an. Mir fiel keine Antwort ein. Ich vergrub mein Gesicht in seinen Haaren. Dann rettete uns eine Schwester. Sie nahm E.'s Gesicht zwischen die Hände und sagte: »Wir tun alles, um dein Brüderchen wieder gesund zu machen.« Später schenkte sie mir ein Bier, das erste in ihren dreißig Jahren auf der Kinderintensivstation.

Bestimmte Worte wurden hier gemieden. Es war wie Aberglaube, als würde man herbeirufen, was man ausspricht. Sterben. Tod.

Wir bekamen ein Zimmer. Von da waren es zwanzig Schritte zur Kinderintensivstation. Und zwei zum Kreißsaal. So nah liegen der Beginn und das Ende des Lebens beisammen. Ich hegte keinen Groll gegen die Wöchnerinnen. Doch ich glaubte, wir machten ihnen Angst.

Am frühen Morgen schreckte ich aus dem Schlaf. Ich kann in solchen Situationen schlafen, ich kompensiere Krisen durch Absenzen. Ich lief zu Zimmer 1. M.'s Apparate piepten, zwei Schwestern hantierten an ihm herum. Er kam zu sich. Er zuckte mit den Armen. Ich sagte: »Hab keine Angst, ich bin da.« Seine Augen, sein Gesicht waren zugeschwollen. Mit dem Däumchen drückte er meine Hand. Da schnellte die Hirndruckkurve nach oben. Mir wurde schwarz vor Augen. Die Schwester musste mich wegbringen.

Die Seelsorgerin kam. Sie sagte, wir sollten ruhig offen reden. E. sagte, er habe das Gefühl, ich erzählte ihm nicht alles. Ich versprach ihm, ihn einzubinden. Er hörte alles mit, zwei Stunden saß er neben uns, während die Ärzte uns ihr Vorgehen und sämtliche Eventualitäten der Operation erklärten. Das Kind war neun und es machte uns Erwachsenen vor, wie man sich verhalten konnte im Hier und Jetzt. Mein großer Sohn gab mir Kraft. Das sagte ich ihm, und dass er sich nicht überfordern sollte. Er nickte.

Die Operation dauerte sieben Stunden. Meine Freundin hatte mich gewarnt. Irgendwann schwand meine Abwehrkraft. Bis dahin hatte ich gedacht: Wenn es einer schafft, dann M., er ist so robust. Doch ich wurde schwach, ich sah einen Friedhof, ich sah weinende Großeltern, ich sah mich mein totes Kind halten. Ich dachte: Du hast ein verlässliches Bauchgefühl – wenn du diese Bilder siehst, muss was dran sein. Hysterische Angst.

Die Operation verlief gut. Er bekam Titanplatten in die Knochen. Splitterungen wurden mit Eigengewebe verklebt und mit Fremdgewebe rekonstruiert. Er sollte noch zwei Tage sediert bleiben. Damit die schwachen Stellen in Ruhe heilten. Doch die Schwestern und Ärzte warnten mich: Wenn er aufwachte, sei das nicht wie im Film. Da komme das Durchgangssyndrom. Durchgangssyndrom, das las ich später, als ich versuchen konnte, das Geschehen in Kategorien zu fassen, ein Durchgangssyndrom ist eine Art psychotisches Delirium. Der Horror.

Er wachte langsam auf. Seine Nase war verklebt, die Augen geschwollen, der Kopf voller Pflaster, seine Arme waren fixiert, damit er sich nichts herausriss. Er war noch nie zuvor im Krankenhaus gewesen, er konnte nicht wissen, wo er war. N. war mit E. zu meinen Eltern gefahren. E. rief alle zwei Stunden an, hinter seinen fachmännischen Erkundigungen lag eine zehrende Sehnsucht nach seinem Bruder. Er meinte, ich solle M. sagen, es sei ihm wie Prödl ergangen, einem Fußballer, der ähnliche Kopfverletzungen hatte. Ich redete auf M. ein. Unfall, Prödl, Operation, Kopf, vier Tage geschlafen. Er versuchte, seine Hände zum Kopf zu führen. Er war gefesselt. Er schielte durch den linken Augenspalt auf die Schläuche, die aus ihm ragten und auf die Fremden in Kitteln, die von oben auf sein Bett blickten.

Sein erster Satz war: »Ich will ein Mensch sein.«

Er sagte: »Wenn man vier Tage nichts getrunken hat, ist man tot.«

Er sagte: »Ich will nach Hause zu meiner Mami.«

Er sagte: »Habt ihr ein Telefon, wir rufen jetzt ein Taxi.«

Er versuchte, die Arme hochzureißen. Er schob die Unterlippe vor und krächzte: »Lasst mich gehen!«

Dann riss er den Kopf auf die Brust und rief panisch: »Pass auf, da kommt was von hinten, pass auf, es kracht gleich, da kommt ein Tornado, pass auf!«

Es war, als wäre seine Seele kurz nach dem Unfall angehalten worden. Jetzt musste sie alles verarbeiten. Auf Hochtouren. Eine Stunde, zwei Stunden, vier, sieben. Er wurde nicht ruhiger. Er überdrehte zwischen Panik, Aggression und tiefster Traurigkeit.

Ich sang »Der Mond ist aufgegangen«, bestimmt dreißig Mal. Dann spielte ich vom Handy »Over the Rainbow«, die Stimme des Sängers Israel Kamakawiwo'ole beruhigte ihn. Mich nicht. Es war das Lied, das mein bester Freund am Grab seines Geliebten gespielt hatte. Nach zehn Stunden beschlossen die Ärzte, ihm das Beruhigungsmittel Dormicum wieder zu geben. M. reagiere sensibel, das sei wie ein Drogenentzug. Ich dachte: Ihr mögt von Intensivmedizin Ahnung haben, doch von der Psyche weniger. Ich verstand jede Regung dieses Menschen, der sich nicht mehr als einer sehen konnte.

Am nächsten Tag wurde er ruhiger. Zwei Tage konnte er nicht durch die Nase atmen. Der trockene Atem hinterließ eine Blutkruste auf seiner Zunge. Er war traurig. Apathisch. Depressiv. Er weinte. Zwei Tage lang. Ich tupfte. Ich redete. Ich las vor. Ich versuchte ihn zum Lachen zu bringen. Er starrte mich an. Ich dachte: Ist das nur der Durchgang? Oder eine Persönlichkeitsveränderung? Sei nicht so ungeduldig! Nach zwei Tagen lief ich in den Wald. Ich wollte schreien. Aber in mir war es so still, als würde ich vergehen. Zu Bewusstsein kam ich, als ich den Schnitt sah. Sie hatten den Kopf meines Kindes von einem Ohr zum anderen aufgeschnitten. Sie sagten: »Heilt ja toll, sieht ja super aus!« Meine Freundin sagte das auch. Dann musste sie mal schnell aufs Klo. Und kam verweint wieder.

Wir lebten zwei Wochen im Krankenhaus, zwischen Leben und Tod. In dieser Zeit wurde nahezu täglich ein Kind geboren; keines starb. Jedes Mal, wenn ich an dem von einem Halogenlicht bestrahlten künstlichen weißen Kirschblütenzweig auf dem Empfangstresen der Station 29 vorbeilief, freute ich mich. Im normalen Leben hätte ich darüber gelacht.

Am Ostersonntag schrieb ich eine SMS an alle Freunde, die sich sorgten. Es waren viele. Das Mitgefühl war zu spüren wie eine Lichterkette um uns herum. Die Nachricht: M. ist aufgestanden und von der Intensivstation zu unserem Zimmer neben dem Kreissaal geschlappt. Da hat er laut gelacht. Er lebt. Ein Sturm von SMS kam zurück, eine Freundin schrieb: Wunderbare Auferstehung.

Beim Grießbrei im Essraum der Kinderstation fragten wir M., ob er sich an den Unfall erinnerte. »Ja klar«, sagte er. »Wir kamen in einen Stau. Ich habe mich vorgebeugt, weil die Haare elektrisch am Sitz klebten. Dann hat es gekracht und ich bin mit der Stirn an die Eisenstangen der Kopfstütze geknallt. Ich habe geblutet, es hat nicht wehgetan. Dann kam der Hubschrauber und ich bin eingeschlafen. Wenn ich an den Mann denke, der uns reingefahren ist, tut meine Narbe weh wie die von Harry Potter.« N. fragte: »Du erinnerst dich an den Mann?« »Ja«, sagte M. und N. wurde bleich und ich spürte, wie er innerlich einstürzte.

Einmal, beim Abendessen mit dem Großen, während mein Freund mit dem Kleinen in der Reha war, der Gedanke: Wenn wir immer so hier säßen, zu zweit, allein. Und dann dachte ich an die Eltern und Kinder in der neurochirurgischen Reha, die die Kraft aufbringen mussten, ein Kind neben sich zu ertragen, das noch alles konnte: sehen, riechen, hören, sprechen, laufen, essen, lesen, von der Liebe schreiben, denken, tanzen und lachen. Mein Kind.

Und das Glück zu leben.

Eigentlich wollte ich den Unfall nicht an den Anfang dieses Buches stellen. Wie ein Erweckungserlebnis. Als hätte ich nicht vorher schon gesucht, nach dem, was gut ist am Leben. Als ob ich jetzt, danach, sagen könnte: Mit einem Schlag wurde mir klar, was wirklich wichtig ist und was falsch. Weil ich beinahe das Wesentliche im Leben verloren hätte, die Freude daran. Doch ich hatte schon davor dieses Unbehagen. Immer öfter wachte ich nachts auf und fragte mich: Wie bin ich da bloß reingeraten, was tu ich hier? Oberflächlich besehen ging es mir gut, ich war erfolgreich, hatte Arbeit, Familie und Freunde – aber andauernd war da dieser Druck. Nicht nachlassen, immer weiterrennen, bloß nicht stehenbleiben und zusammenklappen, immer am Anschlag, kontrolliert, diszipliniert, selbstoptimiert.

Aber warum? Was sollte das alles? War das richtig? Hatte ich – hatten wir – Freude am Leben? Ich wusste kaum noch, wie sich das anfühlte: Leichtigkeit, Lebensfreude. Es war, als hätte ich sie an der Pforte zur Familiengründung abgegeben. Das beschämte mich. Und ich sehnte mich. Immer mehr – und irgendwann wurde die Sehnsucht so stark, dass ich mich aufmachte: Raus hier! Raus aus der Komfortzone, meiner Beziehung, aus meiner Umgebung, meiner Arbeit, meiner Welt.

Ich schmiss nicht alles hin. Sondern ich veränderte zuerst meine Perspektive, dann meine Haltung und oft meine ganz realen Standpunkte. Ich war öfter fern, in der Fremde, als daheim, real und mental. Und es tat gut. Nicht nur mir. Denn von draußen kann man etwas mitbringen: *easy going, savoir vivre, dolce vita, ars vivendi*, الحياة ابتهاج, Achtsamkeit. Auf Deutsch formuliert es der Soziologe Hartmut Rosa so: »Man kann Glück messen an Einkommen, Frau, Kindern, Haus und Auto. Ich würde es daran messen, wie viel die Menschen lachen, wie viel sie tanzen und singen.«*

---

* Die Literaturangaben aller Zitate befinden sich in der Werkzeugkiste am Ende des Buches.

Für mich klingt das nicht kitschig. Sondern mutig. Denn dieses Maß an Lebensfreude verheißt für mich viel mehr als es so leichthin klingt. Es geht ums große Ganze, nicht nur um mich. Um eine Kultur, ein System, das Elan und Esprit verloren hat. »Wie können wir«, fragt Rosa, »die Welt wieder singen hören?«

Ich stand in der Mitte meines Lebens. Es war eine große, wunderliche Krise. Und dann kam der Tod, sehr nah. Wenn der Mensch in Gefahr gerät, dann verhält er sich wie die Maus. Im Angesicht einer Katze hat die Maus drei Optionen, das hat der Trauma-Therapeut Peter Levine auf Englisch griffig beschrieben: fight, flight oder freeze. Die Maus könnte die Katze angreifen, sie könnte fliehen – und wenn beides nicht geht, dann stellt sie sich tot. In diesem Zustand des Freeze schien ich mich, generell, immer öfter zu befinden: Das Leben fühlte sich wie erstarrt an. Ich hatte es schon zuvor mit der Angst zu tun bekommen. Angst vor dem Kippen. Angst vor der Leere, Angst vor der Sinnfrage, Angst vor dem Stillstand.

Und dann kam der Tod so nah, dass alles im Leben zugleich wahnsinnig wichtig erschien. – Kleinste Dinge. Das Zilpen der Schwalben, die blaue Stunde und wie der Wind durch das Haferfeld rauscht. – Und gleichzeitig unheimlich banal. Es ist schwer, von scheinbar banalen Dingen zu erzählen. Auch wenn sie das Leben lebendig machen. Weil sie einfach sind und schön und gut und eigentlich von allen Menschen verstanden werden. Aber sie erscheinen einem so marginal. Zilpende Schwalben! Erzähl mal davon, wo es so viel stärker wirkt, vom Tod zu sprechen.

Wenn der Tod vor einem steht, denkt man das Leben vom Ende her. Dann wird alles Wichtige groß, auch und gerade das Kleine. Alles wird akut. Und deswegen habe ich den Tod an den Anfang gestellt, ein Memento mori. Obwohl mir unser Unfall eigentlich zu intim erscheint. Und ich lieber von anderen, von anderem erzählen würde als vom Ich.

Aber ich habe das Gefühl, der Soziologe Heinz Bude hat recht, wenn er sagt: »Wer eine gesellschaftliche Situation verstehen will, muss die Erfahrungen der Menschen zum Sprechen bringen.« Also werde ich das Autoren-Ich zur Verfügung stellen, als Stellvertreter-Ich. Von seinen Erfahrungen und Gedanken erzählen. Von einem Menschen, in dem sich Denken und Fühlen, System und Individuum, Analyse und Alltag verkörpern. Der von sich erzählt, was er im Abstrakten weiß oder ahnt, von der Welt, in der wir alle leben.

Ich könnte auch vom Wir her sprechen. Ich mag das Wir, man fühlt sich darin nicht alleine. Und wenn man stark ist, lässt es sich besser handeln. Vom Wir zu sprechen, heißt vom Kleinen aufs Große zu schließen, vom Besonderen aufs Allgemeine – und das hilft manchmal, weil man Muster erkennt, von Milieus und Generationen. Das Wir stößt aber auch ab: diejenigen, die sich nicht gemeint fühlen oder falsch verstanden. Indem ich aber vom Ich erzähle, kann ich – was beim Wir leider nicht sehr en vogue ist – auf Mitgefühl hoffen. Ich will es versuchen, dies ist ein Essay, und irgendwie weiß ich sogar, dass dieses Ich nicht alleine ist. Sondern dass es vielen Einzelnen so ähnlich geht wie dem Erzähler-Ich hier.

Dabei wird in diesem Buch ein Wörtergewebe entstehen, möglichst lebendig und schillernd. Es wird aus drei Ebenen verwoben: Die eine erzählt von einem Ich, das in eine Krise geriet. Die zweite versucht zu reflektieren, was das große Ganze, die Kultur, das System, die Umgebung mit dem Ich macht. Und die dritte Ebene ist die der Lebensbereiche, die sich wie bei einer Zwiebel um den Kern des Ichs schälen und von außen nach innen gehen, vom Großen zum Kleinen, von den erdrückenden bis zu den schönen, vielleicht sogar erlösenden Momenten. Diese drei Ebenen sollen wie Wellen durch den Text schwingen und ihn, ja vielleicht, zum Singen bringen.

RAUS AUS DEM SYSTEM

Bestandsaufnahme: Wie bin ich hier reingeraten?

Es war mitten am Tag vor einigen Jahren, ich stand auf dem Kopfsteinpflaster, es war warm, die Sonne schien, Kinder lachten und alles war hübsch. Ich war Anfang 40, hatte zwei Jungen und einen Mann, viele Freunde, gute Arbeit und gesunde Eltern. In den Häusern um mich herum lebten Menschen wie wir, am Rand unseres Viertels musste eine Fabrik stehen: Da liefen junge Paare mit zwei Kindern vom Fließband. Alle hier sahen gleich aus. Die Sonne schien, meine Absätze klackerten, in der einen Hand trug ich den Beutel mit Einkäufen, über der Schulter die Tasche mit dem Laptop, es war nachmittags und ich auf dem Weg von meinem Büro nach Hause in unser schönes Heim. Es könnte jedem passieren, in einem Vorort, auf dem Land, in einer anderen Stadt. Ich weiß nicht mehr, ob ich stehen blieb oder ob ich die Schritte beschleunigte. Aber ich erinnere mich sehr genau an das Gefühl, wie ich durch meine Welt lief und plötzlich dachte: Was tust du hier eigentlich?

Es war, als hätten die Fassaden mich plötzlich abgestoßen, als rutschte ich ab. Ich fühlte mich fremd. Als stünde ich in einem Kippbild. Gerade noch hatte alles hübsch ausgesehen und dann plötzlich dieser Gedanke: Wie bin ich hier bloß reingeraten? Ich will sofort raus!

Das war nicht das einzige Anzeichen. Nachts wurde ich wach. Es kam abends und manchmal mitten in der Nacht und es kam immer plötzlich. Beim Einschlafen oder wenn ich schon geschlafen hatte, stürzte ich wie rasend aus einer

Betäubung und war mit einem Schlag wach. Dann lag ich in meinem Bett und erblickte den Strahl des Laternenlichts. Warum war es nicht dunkel? Dunkelheit hätte mich gehalten. Und dann begann ich nach hinten wegzukippen. Ich fiel aus den Bezügen zu meiner Umgebung heraus und fühlte mich unverbunden mit dem Rest der Welt. Ich blickte auf mein Leben und dachte, hellwach: Was soll das alles?

Ich wollte das nicht, dieses Gefühl. Ich versuchte, den Lichtstrahl abzuhängen. Ich versuchte, mich so lange mit Lesen abzulenken, dass ich direkt in Tiefschlaf glitte. Ich blieb länger wach und trank schweren Wein. Ich versteckte meinen Kopf unterm Kissen. Ich kippte trotzdem aus den Bezügen. Weg von meinem Haus, meinem Leben, dem Mann neben mir, meiner Geschichte. Ich versuchte, mich festzuhalten, aber da war nur – Leere. Ein Gedanke, immerhin, einer: meine Kinder. Aber der Rest? Ich bekam Angst vor den Nächten.

Eines Abends saß ich mit meiner Freundin auf dem Boden neben ihrem Wohnzimmertisch, darauf hatte sie Oliven, Wein und Käse angerichtet, liebevoll wie immer. Wir kannten uns seit wir Kinder bekommen hatten, es verband uns aber viel mehr, auch unsere Arbeit. Wir wollten reden, doch es gelang uns nicht. Etwas war zwischen uns, wie eine Panzerglasscheibe. Wir schwiegen und sie zupfte mit einem Kneifer die Blättchen aus einer Erdbeere.

Ich versuchte zu verstehen, aber es gelang mir nicht, ich spürte nur immerzu: Sie war mir fremd geworden. Ich hatte die Verbindung verloren. Es fühlte sich schrecklich an, endgültig und kalt. Dabei war sie doch wie ich, eine von uns, aus der Fabrik. Junge Familie, schöne Umgebung, viel zu tun und immer einen knackigen Spruch auf den

Lippen. Aber wenn wir zusammenkamen, fühlte ich mich nicht mehr wie eine Person. Sondern wie eine Figur in einem Tableau. Es war ein perfektes Tableau: allen ging es gut, alles passte, alles war nett anzusehen. Aber was, wenn ich nicht mitspielte? Ich spürte das Herz nicht mehr, wo war der Puls?

Ich sah zu, wie sie den Saft aus der Erdbeere sog, und dachte: Wir kennen uns lange, wir sehen uns oft. Aber ich weiß nicht, ob du deine Arbeit magst. Ich weiß nicht wirklich, wie du zu deinem Mann stehst. Ich weiß nicht, ob es richtig war, sich mit Schulden zu belasten. Ich weiß nicht, ob dies das richtige Leben ist. Deine Lider wirken schwer, da ist eine solche Traurigkeit – was verbirgst du dahinter?

Ich nahm einen großen Schluck aus dem Rotweinglas, draußen platterten Autoreifen übers Kopfsteinpflaster und als es wieder still war, holte ich Luft und sagte: »Und du findest wirklich alles gut so?« Sie schwieg. Zupfte wieder an den Erdbeerblättern. Tränen traten in ihre Augen, sie drückte sie weg und sagte: »Ich bin so erschöpft, lass mich bloß in Ruh'!«

Ich wusste, dass ich sie jetzt nicht in den Arm nehmen durfte. Sonst fiele alle Anspannung ab. Und die Angst überwältigt dich wie eine Welle: Es hängt doch an dir, und wenn du jetzt loslässt, bricht alles zusammen.

Sie sah aus dem Fenster, weg von mir und sagte: »Was soll ich denn tun?« Und da rutschte mir dieser Satz heraus, ich sagte: »Du bist doch diejenige, die ihr Leben in der Hand hat – mach es anders!«

Ich erschrak selbst. Ich saß da auf dem Wohnzimmerboden und fühlte mich plötzlich erleuchtet, als hätte eine fremde Zunge durch mich gesprochen. Und so blickte mich auch meine Freundin an, wie eine Außerirdische, nicht von dieser Welt. Diese Szene spiegelt eine Denkfigur wider, und diese tanzte wie ein Derwisch durchs Zimmer. Nüchtern betrachtet, ist es ein revolutionärer Gedankengang von ergreifend schlichter Schönheit: »Keiner zwingt dich zu leben, wie du lebst – denk mal: Du kannst es anders machen!«

Ich sage das mit ironischem Unterton, einer gewissen Distanz. Denn Ironie ist nötig, um mir auch selbst auf die Schliche zu kommen. Sie entsteht aus einer paradoxen Situation: Wenn mir etwas zu nahe geht, distanziere ich mich davon. Von den Dingen und von mir selbst. Also auch von meinen Empfindungen. Und wenn ich mich, mein Verhalten, vor allem aber meine Gedanken und Gefühle, von außen betrachte, wird mir bewusst: Nichts ist, wie es ist. Ich denke nur, dass es so sei. Oder, weniger buddhistisch formuliert: Nichts muss bleiben, wie es ist.

»Kein Mensch hat von dir verlangt«, sagte ich zu meiner Freundin, als sie mich anstarrte wie E.T., »kein Mensch hat von dir verlangt, dass du mit Turboantrieb in deinem Hamsterrad hechelst und dazu immer schön lachst – bis du so alle bist, dass du zusammenbrichst. Kein Mensch. Du tust es. Hör doch einfach auf. Mach es anders.« Sie lachte nicht. Darüber lachen ist nicht immer möglich. Auch wenn Humor Schmerz so angenehm katalysiert. Bleibt da doch die nackte Angst. Die ich genauso kannte. Vor dem Lichtstrahl in der Nacht: Ich mochte weder die Leere im Raum sehen noch mich selbst darin. Ich mochte mich nicht mehr in dieser Umgebung sehen, in dieser glatten Zeit. Ich mochte mich nicht in meiner Freundin sehen, wie in einem Spiegel, der zeigte: Du bist genau so. Ich hatte eine solche Lust, den Erdbeerkneifer aus dem Fenster zu schmeißen – wenn ich nur den Menschen zu fassen bekäme. Es war nicht zum Lachen, und meine Freundin brach bald darauf den Kontakt ab. Was ich verlangte, war zu viel.

Mich selbst – das schieße ich zur Ermutigung voraus –, durchströmte von einem gewissen Moment an etwas wie eine Easy-Rider-Hormonkapsel. Ich schluckte sie, ganz bewusst, ließ sie auf der Zunge zergehen und dann, ahh, alles wurde wunderbar, bis in die Haarspitzen bitzelte es. Das ist die plakativste Erklärung für das, was geschah. Was ich geschehen ließ. Und was mein Leben änderte, mittendrin. Vor, neben und nach dem Unfall.

Es gibt neben der Easy-Rider-Kapsel noch ergänzende Erklärungsansätze: Manche glauben an den Siebenjahres-Rhythmus, der könnte es auch gewesen sein. Denn zweimal hatte mich sieben Jahre vorher die Kinderwunsch-Hormonkapsel überflutet und davor die Ich-werd-jetzt-erwachsen-Hormonkapsel und davor, mit 14, bekam ich Locken. So geht ja die Erklärung: Wir häuten uns alle sieben Jahre, und mit 14 hatte ich schon mal einen Jetzt-düse-ich-in-die-Welt-hinaus-Drive. Vielleicht wechseln sich die Bewegungen in den Siebenjahres-Rhythmen ab: mal konservativ, mal progressiv. Ein ganz kleines bisschen glaube ich sogar an die Theorien, die meine esoterisch interessierten Freundinnen parat haben. An Sonne, Mond und Sterne.

Ganz tief drin aber habe ich eine andere Überzeugung, und die hat viel mehr mit der schon erwähnten Fabrik zu tun. Wir werden die Menschen, die wir sind – oder zu sein glauben –, weil uns die Welt, in der wir leben, dazu macht. Was erwartete die Welt von mir? Besser gesagt: Wie, glaubte ich, sein zu müssen, um mein Leben in dieser westlichen Welt erfolgreich zu meistern?

Ich fange von vorne an. Um zu erklären, wie ich in diese Situation kam, auf dem sonnigen Kopfsteinpflaster, geschockt von dem Gedankenblitz: Ich will raus hier! Diese Bestandsaufnahme wird manchmal ein bisschen wie ein Knäuel wirken, denn das Leben lässt sich nicht fein säuberlich in hier privat, da politisch oder rein persönlich trennen. Ich will versuchen, an den Fäden zu zupfen und Muster und Strukturen erkennbar zu machen. Diese Bestandsaufnahme ist, vom Umfang her, größer als die folgenden Kapitel. Logisch: Hier geht es um die Strukturen des großen Ganzen, des Systems, die sich dann auch im Kleinen wiederfinden. Es ist sozusagen die Schale der Zwiebel von außen betrachtet. Die inneren Schichten werden dünner und kommen zum Kern der Sache, dem Ich. Doch dazu später.

Mit der Arbeit möchte ich beginnen. Denn die Arbeit verbindet jeden Einzelnen mit der Gesellschaft. Durch meine Arbeit nehme ich teil, sie ist für mich ein Tausch: Ich tue etwas, was den anderen irgendeinen Nutzen bringt, und dafür erhalte ich, im Tausch, die Möglichkeit zur Teilhabe am Leben in dieser Gesellschaft. Leute backen Brötchen, damit andere sie essen können, bieten an, Haare zu schneiden, sind ausgebildet, um Kranken zu helfen. Wenn ich keine Arbeit bekomme, als Arbeitsloser oder Asylbewerber, kann ich nicht teilnehmen am Leben der anderen und fühle mich überflüssig. Der Nutzen, den meine Arbeit bringt, kann völlig gaga sein. Die Gesellschaft, in der ich lebe, bemisst ihn nach ihren teils absurden Kriterien. Auch hier ist nichts, was es ist. Sondern alles ist, wie wir belieben, es uns erscheinen zu lassen. Leute, die den anderen ihr Geld abknöpfen, kriegen in unserer Welt viel Anerkennung in Form von Geld. Leute, die sich vor allen anderen entblößen, auch. Und Leute, die sich um Kinder oder Alte sorgen, bekommen am wenigsten.

Die Arbeit ist der Hebel, durch den ich mich unter Druck setzen lasse. Wenn ich nicht spure, kann ich nicht mehr mitmachen. Also strenge ich mich an, so zu sein, wie es von mir erwartet wird. Man nennt das Anpassung. Und Anpassung ist anstrengend.

Ich hatte, es ist schon eine Weile her, ein Studium beendet, ich hatte eine super Ausbildung absolviert und ich hatte um jeden Job gebuhlt, der mir interessant und wichtig erschien. Ich hatte fünf Fächer studiert, in sechs Städten gelebt, elf Praktika und x Jobs gemacht und versucht, den Einstieg in meinen Beruf zu schaffen.

Ich brannte. An beiden Enden.

Mit der ersten Festanstellung bekam ich mein erstes Handy, es lag wie ein Knochen in der Hand, ich war jetzt jederzeit erreichbar. Bis in die Nacht und am Wochenende. Ich fand es toll, dass man mir ein Unterpfand anvertraute. Dafür tat ich alles. Meine Arbeitskraft war billig zu haben. Und in der Arbeit ging ich total auf. Mein Beruf, das hatte ich mir immer gewünscht, sollte mehr sein als Brötchenerwerb, er sollte möglichst viel mit mir zu tun haben. Und mit der ganzen Palette des Lebens. Im Journalismus schien das möglich.

Als ich meinen ersten Burnout hatte, nannte man das noch depressive Anpassungsstörung. Mir gefällt der Begriff, denn er verbindet das Unbehagen mit der Gesellschaft. Es steckt ein Widerstand darin. Ich soll mich anpassen. Aber da stört etwas. Die Anpassungsstörung gibt allerdings nicht zu erkennen, wie es sich anfühlt, am Ende seiner Lebenskraft zu sein. Die erste Erschöpfung hatte ich mit Mitte 20, es war wie eine Depression. Ich verwende den

Begriff nicht leichthin. Ich war nicht nur müde und traurig. Ich bin aber auch nicht von Haus aus schwermütig und krank. Ich bin ganz normal.

Ich konnte nicht mehr – es aber auch nicht wahr haben. Es war, nachdem ich das Studium beendet, nebenher gearbeitet und dann den Job, der mir versprochen war, nicht bekommen hatte. Da lag ich drei Monate auf dem Sofa – damals konnte ich mir das noch leisten – und dachte: Nichts macht mehr Sinn, keine Freude, keine Kraft. Wohin ich seh': nur Leere. Schon der Weg vom Bett zum Sofa kostete mich eine Tagesration Energie, manchmal schlief ich abends vor dem Bett ein.

Wenn man es zum ersten Mal erlebt, denkt man: Die dunkle Wolke zieht nie wieder ab. Manchmal geht sie so plötzlich, wie sie kam. Meistens aber nicht.

Und dann kam zur Antriebslosigkeit die Angst. Vor der Antriebslosigkeit. Das ist, das sagt dir jeder Seelenheiler, Alarmstufe hellrot. Die Angst vor der Ohnmacht holte mich später gelegentlich ein, nachts, wenn ich aus den Bezügen kippte.

Es half mir ein Buch, es war schwer und ich versank darin und damit in der Depression eines anderen. Andrew Solomon schrieb da: »Ich hatte das Gefühl, ich verliere mein Selbst.« Irgendwie gelang es mir, wieder eine Distanz zu diesem Selbst aufzubauen. Es zu begrenzen, es zu formatieren, zu festigen. Und die Depression von außen zu betrachten. Als wäre sie nicht ich. Sondern »nur« diese beängstigend träge, dunkle Wolke. Mein Leidensgenosse nannte sie und sein Buch »Saturns Schatten«. Seit ich ihn kennengelernt habe, weiß ich, dass ich mich vor ihm in Acht nehmen muss.

Die zweite Erschöpfung, fünf Jahre später, versuchte ich zu verdrängen. Ich saß da, wo man in meinem Beruf hin wollte, in einem wichtigen Büro. Und starrte wochenlang aus dem Fenster. Vorher hatte ich mich so ins Zeug gelegt, dass jetzt offenbar keiner glauben konnte, dass aus mir nichts mehr herauszuholen war. Es war ein Büro zum Hinterhof, es war Winter, und die Ziegel waren dunkelgrau.

Ich war nicht nur abgebrannt, ich war versteinert. Erst schlief ich schlecht, dann nicht mehr. Ich bekam einen Ausschlag, der wirkte wie eine dicke zweite Schicht Haut, Hornhaut. Er hatte sich geschickt versteckt, auf dem Kopf unter den Haaren. Man sah mir nichts an. Und ich zog weiter. Zum Arbeiten nach New York. Da musste ich draußen immer eine Mütze tragen. Denn wenn der kalte Wind auf meine Kopfhaut traf, fing sie an zu nässen. Es fühlte sich an wie Blut, wie Tränen.

Eines Tages kam ich nach Hause, zu meinen Eltern. Ich stand in ihrem Wohnzimmer, es war mit hellem Teppich ausgelegt, die Wände waren weiß und die Sonne schien herein, warm und dottergelb. Alle Anspannung fiel ab und ich legte mich hin, auf den Teppich, als wäre es der Schoß der Erde. Meine Mutter träufelte Öl auf meinen Kopf und da fiel die Schicht ab. Und die Haare aus, büschelweise. Als ich den Kamm mit all den Haaren in der Hand hielt, überkam mich rasende Panik. Dass mir gar keine Haare auf dem Kopf bleiben könnten. Wie bei einer Aussätzigen, wie bei einer Gefangenen. Seither verstehe ich, weshalb man Opfern die Haare schert: Man beraubt sie damit ihrer Kraft und ihrer Identität.

Im Nachhinein frage ich mich, wie ich weiter funktionieren konnte. Aber ich tat es. Von außen besehen versteht man oft nicht, wie Menschen ihren Zustand selbst so gar nicht erkennen können. Von innen denkt man: Geht schon noch, leg' ich noch einen Scheit drauf! Und dabei weiß jeder Beobachter, dass das Nicht-anhalten-Können auch ein Zeichen von Erschöpfung ist.

Ich hatte diesen tollen Job. In dem ich jung und kreativ sein sollte und alles ausprobieren konnte. Wir hatten dieses Internet, es erschien uns wie ein Abenteuerspielplatz und wir folgten einer schillernden Blase, sie wurde größer und größer und sie irisierte. Bevor sie platzte, verließ ich den Spielplatz. Das Fieber hatte mich nicht angesteckt. Und ich musste auf die Ersatzbank. Denn aufrecht konnte ich nicht mehr stehen.

Ich fühlte mich wie ein Flieger, der allmählich abtrudelte. Er war mit Überschall und mit Turboprop geflogen und hin und wieder sogar einfach nur gesegelt. Segeln wurde seltener. Der Motor ist aus. Ich schwebe im warmen Wind. Die Welt ist fern und der Himmel nah. Es ist Frieden, es ist still.

Ich hatte es im Kreuz.

Dass ich meinen allmählichen Absturz kommen sah, lag vermutlich daran, dass ich zuvor schon ein paarmal zu Bruch gegangen war. Jetzt, aus der Entfernung betrachtet, finde ich es frappierend, wie parallel meine Karriere zu den globalen Entwicklungen verlief. Als wäre ich vor dem Wind der Geschichte geflogen. Das klingt pathetisch, aber es zeigt, wie sehr die Fabrik uns bestimmt, wie sehr mich die Gesellschaft beeinflusst. Denn obwohl ich auch nur ein winziger Bruchteil vom großen Ganzen bin, so bekommt doch jeder von uns mehr oder weniger bewusst mit und ab, nach welchen Werten diese Gesellschaft lebt.

Was man heute unter Werten versteht, hat man früher mal als Ideologie bezeichnet. Ich mag das Wort Ideologie. Weil es mir sagt, dass die Art, wie wir alle leben, denken und empfinden, von einer Idee geprägt ist. Die ausgedacht ist, nicht gegeben. Und die uns alle durchdringt. Wir sind viele Ichs, und wir alle sind geprägt von dieser Ideologie. Sie liegt uns zugrunde, deswegen ist das, was ich beschreiben will, mehr als der Zeitgeist, mehr als eine Modeerscheinung. Ich empfinde, was ich meine, eher wie einen Sound. Der Sound liegt in der Luft und er hat eine eigene Struktur, das heißt: Er ist nach seinen eigenen Kausalitäten aufgebaut. So wie es in der Musik verschiedene Harmonielehren gibt: die eine – unsere – empfinden wir als harmonisch und normal, die anderen als schrill und dissonant. So wie die orientalische. Wir haben uns an den Sound unserer Tage gewöhnt. Er geht durch unsere Körper, unsere Gefühle, unsere Art zu sehen, zu spüren, zu urteilen. Und die Ideologie prägt – oder betäubt – sogar unsere Sinnlichkeit.

Unser aktuelles System basiert auf der Ideologie des Kapitalismus, und der wurde zu der Zeit, als ich anfing, durch meine Arbeitskraft aktiv daran teilzuhaben: turbo.

Die Welt sollte digital, global und möglichst dereguliert sein. Die Märkte wollen es so, hieß es. Dass sich hinter den Märkten weniger die vielen einzelnen Menschen als einige Mächtige verbargen, ließen wir uns vom Sound der Zeit vorlullen. Manche nannten das Neoliberalismus und sagten, dass der Marktwirtschaft ihr zähmendes Attribut abgeknapst worden sei, das Soziale. Einige bezeichneten es als Raubtierkapitalismus. Der Chef des Ladens, dem ich später mal verfallen würde wie eine abhängige Käuferin, Jeff Bezos von Amazon, sagte dementsprechend: Mit Konkurrenten auf dem Markt wolle man verfahren »wie ein Gepard mit einer kränkelnden Gazelle«.

Der Takt des Sounds wurde schneller, dichter, drängender. Und wer sich anpasste, musste digital werden, mobil und flexibel.

Der Psychiater Paul Verhaeghe sagt: »Die neoliberale Organisation unserer Gesellschaft bestimmt das Verhältnis zu unserem Körper, unserem Partner, unseren Kollegen, unseren Kindern – also zu allem, was unsere Identität ausmacht.« Und dieses Verhältnis sei von Grund auf gestört. Um nicht dauernd zu spüren zu bekommen, dass das, was wir tun, absurd ist, verändern wir unser Verhalten und unsere Einstellungen, passen uns an. Die ist praktisch. Denn wenn es einen Widerspruch gibt zwischen unserem Handeln, Denken und Empfinden; wenn der Kopf nicht kapiert, was Bauch oder Rücken spüren, und die Füße trotzdem weiterlaufen, dann entsteht eine gewisse Spannung: die kognitive Dissonanz. Um sie auszuhalten, schalten wir häufig ein Körperteil aus: Hirn, Herz oder Hand. Und machen weiter. Manchmal überdrehen wir aber auch. Wie Irre. Ich musste alles aus mir rausholen, schneller, besser, fitter werden, perfekt diszipliniert, total kontrolliert. Ich musste funktionieren, sonst funktionierte es nicht. Genauso wie meine Umwelt: turbo. Auch unsozial. Und oft hysterisch.

Mittlerweile erkannte ich die Symptome totaler Überdrehung bei mir selbst: Wenn ich, nach langer Arbeit und kurz vor einer Auszeit, den Computer so schnell bediente, dass er mit der Öffnung der Fenster nicht mehr nachkam. Wenn ich glaubte, nicht nur drei, sondern sieben Dinge gleichzeitig machen zu müssen und zu können. Wenn ich mich für Superwoman hielt und da piepte etwas im Hinterkopf, nein im Ohr, kurz vor dem System-zusammenbruch. Es fühlte sich an, als hinge ich an einer Hochspannungsleitung.

An dieser Leitung hing nicht nur ich, sondern unser ganzes System und jeder einzelne. Der Soziologe Harald Welzer hat Gesellschaften auf diese Verdichtung und Be-schleunigung hin analysiert. Das Römische Reich, das deutsche Kaiserreich, die DDR. Auch mich fand ich da wie-der. Der Turbogang entstünde immer dann, sagt Welzer, wenn Systeme überdrehten, also kurz vor dem Kollaps. Wenn die Volkswirtschaften, Marktteilnehmer und Gesell-schaften »mit unabweisbaren Anzeichen der Endlichkeit ih-rer Vorräte und damit ihrer kulturellen Praxis konfrontiert sind, reduzieren sie die kognitive Dissonanz, um ihr so lan-ge erfolgreich gewesenes Lebens- und Wirtschaftsmodell nicht aufgeben zu müssen«. Das bedeutet auf uns übertra-gen: Wir haben die Ressourcen unseres Planeten nahezu komplett ausgebeutet und buddeln nun wie verdurstende Säufer immer tiefer in der Erde, um noch die letzten Ener-giereserven herauszupressen. In unserer Verzweiflung be-kämpfen und bekriegen wir einander. Und betreiben das, was wir gewohnt sind, in der Panik noch intensiver. Wir blenden die Disharmonie unseres Handelns aus und dre-hen total durch. Anstatt unser Tun, unseren Konsum zu drosseln und die Folgen zu überdenken. Von außen bese-hen ist das ziemlich dumm.

Mein persönliches Schwanken zwischen kognitiver Dis-sonanz, Überdrehen und Ausblenden ging auch weiter. Ende August 2001 flog ich mit einer American-Airlines-Maschine von Washington nach New York, und dann wieder heim, mit kaum zu ertragenden Schmerzen im Rücken. Zwei Wochen später stürzten zwei Flieger in das World Trade Center, und seither ist die Welt nicht mehr wie zuvor. Seither ist Krieg, seither haben wir angeblich einen neuen Feind. Es ist eine ganze Religionsgemeinschaft, so wird gesagt, die irgendwie anders tickt, soundtechnisch gesprochen, und der die andere Hälfte der Welt angehört. Sie tanzt nach Harmonien, die in unseren Ohren schräg klingen. Seither haben wir weniger Freiheit, weniger Rechte. Und mehr Überwachung, mehr Kontrollen – und sehr viel Angst und Mutlosigkeit.

Am »Nine Eleven« lag ich auf dem Sofa und starrte auf den Fernseher. Wie gelähmt, doppelt gelähmt. Denn ich konnte mich nicht mehr bewegen, weil die Rückenschmerzen in den zwei Jahren zuvor so schlimm geworden waren, dass ich oft nicht mehr stehen oder sitzen konnte. Trotzdem arbeitete ich weiter, im Liegen. Manchmal lag ich im Büro quer auf dem Schreibtisch. Ich war Anfang dreißig und wirkte nach außen wie das blühende Leben, ich bin ein heller Typ und ich lache laut. Aber ich konnte meine Schnürsenkel nicht mehr selbst binden. Ich wurde nicht schwanger, obwohl wir es wollten. Ich wurde operiert, weil sich Zellen meines Körpers ungut verändert hatten. Ich fragte mich täglich nach dem Ende der Leere. Am Morgen nach der Operation schlurfte ich in den Krankenhaushof, um eine Zigarette zu rauchen. Zwei Tage später wachte ich auf und dachte: Du musst etwas ändern.

Diesmal reichte die Kraft der Gedanken aber nicht mehr aus. Ich ging zu einem Hexer. So nannte ich den Mann, den andere als Homöopath bezeichnen und dem ich meine Gebrechen schilderte. Der sagte darauf: »Ganz schön viel für Ihr Alter.« Er drückte mir drei Kügelchen in die Hand, Höllensteine, an die ich allerdings nicht wirklich glaubte. Ich glaube an lapidare Sätze. Von guten Beobachtern. Zur rechten Zeit wirken sie Wunder. Der Hexer sagte, dass der Mensch ganz schön viel fassen könne, dass das Fass aber irgendwann voll sei. Und ich dachte: Ja, das Fass ist voll. Ich ließ den Satz auf der Zunge zergehen, anstatt ihn runterzuschlucken. Das Fass ist voll. Das Fass ist voll. Das Fass ist voll. Wie ein Mantra. Und jetzt bin ich so dicht, dass ich die Fülle nicht mehr begreife. Sondern als Leere empfinde.

Wie zapfte ich das Fass an? Es waren die üblichen Tricks, die einem alle sagen, und sie sind alle richtig. Könnte ich das nicht bestätigen, wäre ich vielleicht nicht mehr hier. Ich hörte auf zu rauchen, begann mich zu bewegen, draußen in der Natur, jeden Morgen machte ich Dehnübungen, wenn es bei der fünften nicht in der rechten Hüfte knackte, mahnte mich den Tag über der Wirbel. Einmal die Woche machte ich Yoga, und den ersten Winter über nahm ich hochdosiertes Johanniskraut, das war gerade angesagt, später war es Vitamin D. Denn wenn die Sonne nicht scheint, fehlt mir die Sonne, sehr. Und ich begann, ein Nest zu bauen. Wir richteten uns in einer Wohnung ein. Hell, warm und dottergelb. Ein Jahr, nachdem der Flieger abgetrudelt war, bekam ich ein Kind. Kurz darauf noch eines. Die zwei Geschenke des Lebens.

Als mein erstes Kind vier Wochen alt war, arbeitete ich wieder. Ich trug meinen Säugling mit zur Arbeit, wenn ich außerhalb zu tun hatte. Er schrie, mir tropfte die Brust. Er schlief, ich nicht. Ich wollte unabhängig sein, er natürlich nicht. Es war extrem, denke ich im Nachhinein, doch ich war stolz. Dass wir das schafften. Ich wollte beweisen, mir und den anderen, dass es geht: Arbeit, Kind und Freiheit.

Mit dem zweiten Kind war ich geübter. Ich wusste die Zeiten zu schätzen und zu nutzen. Und dass das erste Jahr mit Kind einfacher ist als das zweite. Im ersten schläft es; im zweiten läuft es, auf und davon. Bevor das erste Kind laufen lernte, kam es in die Kita. Da war es nicht gern. Wir ließen es am Tag nicht lange dort. Beim zweiten Kind hätte ich mir vom Weihnachtsmann ein viertel Jahr Elternzeit gewünscht. Die gab es aber noch nicht. Und wir wollten eine Partnerschaft, in der jeder den gleichen Teil beiträgt im Haushalt, mit den Kindern und im Einkommen. Einer allein konnte unsere Familie nicht ernähren. Acht Wochen nach meiner zweiten Entbindung arbeitete ich wieder. Obwohl ich sehr müde war.

Manchmal fuhr ich Zug. Wenn möglich, nahm ich keine Arbeit mit, klappte die Lehne zurück und starrte aus dem Fenster auf die Überlandleitungen, die mich wie Girlanden begleiteten. Tack – tack. Tack – tack. Tack – tack.

Unser Arbeits- und Familienleben funktionierte nur, weil wir keine langen Wege hatten. Vom Kinderbett zum Schreibtisch, von der Wohnung zur Kita, von der Kita zum Einkauf, vom Kaufladen zum Kinderarzt und dann noch eben in den Buchladen. In Cafés ging ich nicht – wenn mein Kind schlief, wollte ich arbeiten. Wenn einer von uns mal ein paar Tage oder Wochen wegen der Arbeit weg musste, übernahm der andere zu Hause alles: Kinder, Haushalt, Heimarbeit.

Großeltern hatten wir glücklicherweise. Die einen ermöglichten unseren paradoxen Lebensstil. Wir wohnten in ihrer Wohnung. Die wir uns nie hätten leisten können.

Aber das war in unserer Welt normal. Wir waren die Generation der Erben und kreative Individualisten. Über Begriffe wie »Gehaltserhöhung«, »Krankschreibung« oder »Eintritt ins Rentenalter« lachten wir. Verträumt. Und flogen mal schnell für einen Job nach Split oder Marrakesch, jederzeit überall erreichbar. Der Nachteil an den Großeltern war nur: Sie waren hunderte von Kilometern entfernt. Und selbst oft sehr beschäftigt. Freunde, die auf die kleinen Kinder aufpassen konnten, hatten wir nicht: Sie hatten selbst welche.

Aber egal, es lief doch alles wunderbar. Ich war zufrieden mit meinem Leben, es war voll, es war irgendwie machbar, alles da, viele Kinder und schön am Park, und freitags gingen wir ins Kino, wenn wir nicht zu müde waren. Und ich hatte jetzt gelernt, eine – wenn auch labile – Balance zu halten: zwischen Verausgabung und Depression. Es war ein enges Korsett, das mich Haltung wahren ließ.

Morgens um halb sieben stand ich auf, ich ging dreimal die Woche joggen und einmal zum Yoga, um acht saß ich am Schreibtisch, ich aß gesund, mit dem Rauchen hatte ich längst aufgehört, wenn ein Arbeitgeber meckerte, sagte ich brav Ja-kein-Problem-ich-mach-das, Sex fand wenn überhaupt im Hellen statt, und weil mein Freund stichelte, das Glas Wein am Abend ließe sich als Alkoholismus interpretieren, schränkte ich meinen Konsum deutlich ein. Mittlerweile schmeckte mir sogar Kräutertee – aber bio, ist ja klar. Ich hatte viele Freunde, aber Einladungen selten, wir machten das jetzt auch nicht mehr, so ein Aufwand und dann der Kater. Ich fuhr Rad. Ich sprühte vor Energie, ja, ich sprühte vor Energie.

Ich war erfolgreich, ich war diszipliniert, ich war effizient. Ganz im Sinn des amerikanischen Psychologen Roy Baumeister, der die Macht der Disziplin propagiert – sie mache uns zu erfolgreichen Protagonisten des Systems: »Viele unserer persönlichen und gesellschaftlichen Probleme hängen mit mangelnder Selbstdisziplin zusammen«, sagt er, und mangelnde Selbstdisziplin sei auch »Ursache der verschiedensten persönlichen Traumata, angefangen von der Entlassung über den Verlust von Freunden bis zur Scheidung oder sogar Gefängnisstrafen.« Also: Ich bin selbst schuld, wenn ich mich nicht disziplinüere. Disziplin ist das Gleitmittel der Anpassung. *Take it or loose it.*

Ich erlaubte mir kaum Ausrutscher und maximal zwei Abstürze im Jahr – aber nur, wenn ich vorher meine Arbeit erledigt und anschließend zwei Tage Rekonvaleszenz eingerichtet hatte. Mein bester Freund – er war kulturell in den Achtzigern stehen geblieben und ein Meister des Überschwangs – schimpfte mich: Spielverderberin. Was er damit meinte, ahnte ich. Fürchtete aber, ich könnte meinen Alltag, ach was: mein Leben, anders nicht wuppen: die Kinder, die Termine, den Job. Zum Musikhören zwang ich mich manchmal, sonntags beim Kochen, aber das ohne Fett und ohne Zucker.

Es mangelte an nichts, die Sonne schien auf das Kopfsteinpflaster, an jeder Ecke lag ein Kinderspielplatz, und abends klappten wir die Bürgersteige hoch und machten es uns auf dem Sofa gemütlich.

Manchmal kam ich nachts nicht mehr runter. Aber am nächsten Morgen freute ich mich wieder aufs Hamsterrad. Es gab Halt. Ich lief, ich rannte, ich wurde immer schneller. Als wäre ich auf Speed. Die Geschwindigkeit, die Dichte – ich mochte sie auch. Für mich signalisierte sie Leben. Und ich hatte Angst vor dem Stillstand. Ich dachte, es wäre der Tod. Das Rad, das lief, hatte auch etwas Verlockendes, es bedeutete: Wenn du mitmachst, bist du dabei, dann läuft die Sache rund! So hurtig war er nun mal, der Lauf der Zeit, so schnell und dicht. Ein Schritt jagte den nächsten, sodass man, hoppla, ins Stolpern und ins Hecheln geriet. Aber: Ich war dabei!

Meist wurde dieses Rad, während ich rannte, auch noch gebremst. Alles war immer mühsam. Nie leicht. Und unbeschwert. Nie konnte ich loslassen. Selten fliegen. Immer alles unter Kontrolle. Das hatte auch mit meiner Arbeit zu tun. Zwar glaube ich nicht, anders als der Soziologe Richard Sennett, dass »die Idee, dass es jenseits der Arbeit ein richtiges Leben gibt, eine Illusion« sei. Aber ich weiß: Meine Arbeit hat mein Leben und meinen Charakter geprägt.

Ich arbeitete immer unter Hochdruck, es gab nie Leerlauf. Mein Mittagessen löffelte ich vor dem Computer. Kollegen, die sich an den Türrahmen lehnten, nur um mal vom Wochenende zu berichten, gab es nicht mehr. Früher hatten wir die Türen geschlossen. Dann verschwanden die Türrahmen und die Wände der Büros, weil Großräume, so hieß es, kommunikativer waren. So kommunikativ, dass ich anfangs zum Telefonieren unter den Tisch gekrochen war und es später ganz sein ließ und nur noch – aber das *en masse* – effiziente Kurznachrichten zuließ. Aber dann hatte ich gar kein Büro mehr, sondern einen Schreibtisch in der Wohnung. Arbeit und Privatleben fanden in den gleichen Räumen zu den gleichen Zeiten statt. Manche – vor allem männliche – Kollegen verklärten diese Art von Arbeit zur »Lebensform«. Ich hatte, jahrelang, jeden Nachmittag ein schlechtes Gewissen, da zu meiner Lebensform gehörte, dass die Kinder nachmittags darauf warteten, dass ich aus meiner »Arbeit« zurückkehrte. Es kostete große Anstrengungen, virtuelle Türen und Wände aufzubauen.

Noch mehr Kraft kostete es, immer geschmeidig zu sein. Als ich anfing zu arbeiten, war oft die Rede vom Hire-and-Fire-Prinzip. Für die Generation meiner Eltern war es ein Schreckgespenst. Für mich war das Schöne an meiner Arbeit, später, als ich »frei« war, dass ich nicht gefeuert werden konnte. Ich hatte mich fürs Freisein entschieden, weil ich mehr Vielfalt wollte, als im Büro festzuhängen. Dafür musste ich immer fit sein und immer gut drauf. Denn vor schlechter Laune verschlossen sich alle Türen, auch die unsichtbaren der Auftraggeber. Meine Arbeit konnte, auch nach einem halben Leben Berufserfahrung, jederzeit zum Stillstand kommen. Wenn ich nicht brachte, was man von mir erwartete. Ich befand mich in einem endlosen Prüfungslauf. Und wunderte mich, dass dieser Albtraum immer wiederkehrte: Ich musste mein Mathe-Abi nachholen, und alles, was danach kam, war hinfällig und erschlichen.

Ich wusste nie, was am Ende des Monats auf meinem Konto sein würde, musste aber eine Familie ernähren. Das setzte mich permanent unter Druck, ich hatte immer das Gefühl: Mir sitzt was im Nacken. Ich durfte keinen Tag ausfallen. Jeden Tag musste was dabei heraus kommen, aus meiner Produktion. Einmal – daran dachte ich manchmal mit einem Glucksen im Bauch –, da war ich noch fest angestellt gewesen und war mit einem schweren Kater ins Büro gekommen, schickte mich meine Kollegin heim mit den Worten: »Wir schaffen das heute auch ohne dich!«

Am Ende des Monats bekam ich trotzdem Geld. Und auch wenn ich krank war und sogar im Urlaub. Wahnsinn!

Manchmal regte ich mich über die Arbeit auf. Also gewöhnte ich mir an, niemals direkt auf Arbeitgeber zu reagieren, sondern immer erst dann, wenn alle Gefühle abgeklungen waren, Freude wie Wut. Ich war wohltemperiert und professionell. Einmal sagte ich einem Auftraggeber – freundlich, aber doch –, was ich über seine mir nicht verständliche Vorstellung eines Jobs dachte. Es war der letzte, den ich von ihm bekam, ist ja klar. Eigentlich, ganz tief drin, erstaunte mich das: Ich hatte einen Beruf, in dem Kritikfähigkeit erwartet wurde – aber nur nach außen, nicht nach oben. Ich lebte in einer Gesellschaft, die das Recht auf freie Meinungsäußerung ganz vorn in ihr Grundgesetz geschrieben hat. Doch man hörte so gut wie nie von Menschen, die ihre Kritik auch vor ihren Vorgesetzten äußerten. Nur hintenrum. Zweien bin ich begegnet: Der eine wurde gefeuert und die andere wurde versetzt. Alle anderen fügten sich. In die Fabrik.

Auch ich sagte immer freundlich Ja und Amen und versuchte, mit meiner Arbeit meine Arbeitgeber zufrieden zu machen. Ich selbst war nicht immer zufrieden. Das lag auch am Spektrum meiner Arbeit. Es gab ein Axiom, das aufgrund von umgekehrter Proportionalität funktionierte: Je mehr Freiheiten eine Arbeit versprach, desto schlechter wurde sie bezahlt – und umso besser, je mehr ich mich anzupassen hatte. Und je voraussehbarer mein »kreatives« Arbeitsergebnis für den Auftraggeber war. Ganz frei ließ es sich nicht überleben, also musste ich mich kaufen lassen. Und Kreativität nach Businessplänen vollführen. So verrichtete ich nicht selten Arbeiten, die ich nicht wichtig oder richtig fand, deren Sinn bei mir nichts zum Klingen brachte. Diese Art von kognitiver Dissonanz hat Karl Marx »Entfremdung von der Arbeit« genannt und ich hatte das Privileg, einige meiner Arbeiten auf sehr hohem Niveau überflüssig zu finden.

Dennoch gab ich mir, sobald ich an der Arbeit war, immer die größtmögliche Mühe, sie gut zu machen. Denn es fiel sofort auf, wenn ich nicht bei der Sache war. Zumindest den anderen – mir selbst zunehmend weniger. In der Regel hatte ich ein Gefühl für die Güte meiner Arbeit, doch ich geriet immer mehr unter Druck: Zeitdruck und Gelddruck. Die gleiche Arbeit, die ich vor 15 Jahren begonnen hatte, wurde, abgeglichen mit den veränderten Lebensverhältnissen, nur noch halb so gut bezahlt. Dafür musste ich doppelt so viel arbeiten. Die Zeit verdichtete sich, und ich dachte: Wenn du nicht rennst, kommst du nicht mehr mit. Und im Lauf verlor ich den Blick für Details. Die Ruhe, die Muße, die Tiefe.

Seltsamerweise merkte ich es nicht und wenn, dann viel später, zu spät. Ich hatte aber auch die Fähigkeit verloren, mir Zeit zu nehmen. Und gefiel mir, wenn die Leute erstaunt sagten: Wie schaffst du das alles gleichzeitig? Dazu lächelte ich, stolz, und dachte: Geht doch! Und so glitt ich manchmal über die Oberflächen, ohne die Dinge dahinter wahrzunehmen, und begann, von selbst schönen Schein herzustellen. Die Verkäufe wurden wichtiger als der Inhalt.

Aber ich fühlte mich damit nicht allein. Im Gegenteil. Wenn ich mich umschaute, fernsah, Zeitungen las, in die Schaufenster blickte, dann sah ich mehr Design als Dasein. Ich glitt mit und empörte mich, wenn Außenstehende an meiner Arbeit kratzten. Weil es mich zutiefst traf. Und verunsicherte. In meiner ganzen Person, als wäre ich eine Schauspielerin, die für ihr eigenes Stück ausgebuht wird. Der Mensch soll – oder will – in seinem Tun aufgehen. So ähnlich wie diejenigen, die in Form von Karotten oder Gurken durch Fußgängerzonen watscheln, um für Karotten- oder Gurken-Firmen zu werben. Man merkt sofort, ob eine Gurke gut drauf ist, rumtänzelt, die Leute zum Lachen bringt und Spaß an ihrer Arbeit hat. Oder wenn sie sich tief drinnen schämt. So ging es auch mir.

Nicht selten unterschieden sich meine Vorstellungen einer guten Arbeit von denen meiner Geldgeber. Doch es gab da einen merkwürdigen Mechanismus: Wenn ich nach einer Weile auf meine Arbeit zurückblickte, sah ich sie immer mit den Augen meiner Auftraggeber – und gab ihnen recht. So entstand eine dreifache Abhängigkeit: eine ökonomische, eine ideelle und eine psychologische. Ich unterwarf mich, meine Arbeit, meine Selbsteinschätzung, mein Leben der Wertschätzung durch andere – die ich selbst nicht immer schätzte. Wie beim Stockholm-Syndrom, wo die Geisel sich mit dem Angreifer identifiziert, der ihr die Freiheit entzieht. Ich überbewertete das Urteil derer, von denen ich abhängig war; unterbewertete meine eigenen Maßstäbe; und empfand eine umgekehrt proportionale Ungerechtigkeit in der sich auch finanziell manifestierenden Wertschätzung meiner Arbeit: Je unsinniger mein Einsatz, desto besser konnte ich davon leben.

Das sind Widersprüche, die eine gewisse Spannung im Leben des Menschen erzeugen. Und es war eine eigentümliche, aber strukturelle Art von *déformation professionelle,* die eine stete Stimmung bei mir schuf, einen Grundton, den Sound meiner Alltage: Ich fühlte mich nie gut genug. Obwohl ich mein Bestes zu geben bereit war. Für mich und für die anderen.

Ich lebte in dem Gefühl, ich sollte, müsste und könnte immer noch besser werden. Auch körperlich. Denn um dran zu bleiben, musste ich gesund leben. Und mir vieles versagen. Ich war diszipliniert mit mir selbst. Darin war ich geübt. Mit fünfzehn hatte ich die Magersucht gehabt und wusste, wie man seinen Willen kontrolliert, und mit ihm seinen Körper.

Die Magersucht ist für mich eine Metapher, ein Bild für unsere Ideologie, der sich auch der Körper unterwirft. Magersüchtig zu sein, war für mich die meiste Zeit ein angenehmes Gefühl. Ich hatte Macht über meine Bedürfnisse, ich war fähig, sie im Keim zu ersticken. Jede nicht gegessene Erdnuss, die zwölf für das Abendessen eingeplanten Kirschen, an die ich den ganzen Tag gedacht hatte, die 227 Gramm weniger auf der Waage am nächsten Morgen, der Run zur Bushaltestelle und dann noch die Eins in Latein. Ich war besser! Besser als die anderen, für die ich Kuchen buk und dann dabei zusah, wie sie ihn verschlangen, in sich reinmampften, widerlich, hemmungslos, ekelhaft. Da stand ich drüber. Die anerkennenden Blicke der Tanzlehrerin, die Ausrufe »Bist du aber dünn geworden!« und immer mehr Menschen mit fetten Polstern auf den Hüften und wabbelnden Oberarmen. Erbärmlich, wie sie sich gehen ließen.

So sah ich das. Und mein Blick war kein außergewöhnlicher. Ich hingegen wurde immer leichter und unbeschwerter, es war ein Rausch, der sich noch steigern ließ, indem man viel Sprudel trank. Die Kohlensäure rauschte spürbar durch die Blutbahnen, sogar die ließen sich noch verdünnen.

Schrecklich waren nur die Abstürze. Nachdem ich nachts wieder an den Kühlschrank geschlichen war und Wurst in mich hineingeschoben hatte oder eine halbe Packung Kekse. Wie ich mich schämte, vor mir selbst, vor meinem eisernen Willen, ich robbte auf Knien vor ihm und schwor mir danach: Jetzt aber drei Tage Nulldiät. Oder zwei Wochen oder vier, ich schaffte das, ich war perfekt, ich war allmächtig.

Und es störte mich überhaupt nicht, als die Ausrufe ins Erschrecken changierten: »Mein Gott, du bist ja so dünn geworden!« – »Seht euch doch an«, dachte ich, »ihr seid ja nur neidisch.« Der Moment, der mich aus meiner Bahn warf, nachdem alles Flehen und Drohen nichts geändert hatte an der Sucht nach absoluter Disziplinierung und Optimierung meiner selbst, das war der, als meine Mutter ankündigte, sie höre jetzt auch auf zu essen, sie könne das auch. Das störte mein Konzept von Überlegenheit. Damit wäre ich kein Übermensch mehr gewesen.

Meine Mutter rang lange um eine Erklärung für die Magersucht ihrer Tochter. Mal gaben Forscher der Mutter die Schuld, mal dem Vater, dann der ganzen Familie, den Genen, den Hormonen, dem Gehirn. Abgesehen davon, dass ich unter dem Sternzeichen eines willensstarken Wesens lebe, und meine Mutter ebenso, und dass diese ein ähnlich gestörtes Essverhalten hatte wie ihre junge Tochter, ist die beste Erklärung für sich abmagernde junge Frauen und manche Männer der Wert, den unsere Gesellschaft mageren Menschen attestiert. Dünne Menschen gelten als schön und erfolgreich – weil sie sich unter Kontrolle haben. Weil sie wissen, wie man das Beste aus sich macht. Weil sie sich optimieren. Sie sind unsere Role Models. Dicke Menschen sind Hartzer.

Für mein Selbstverständnis und das der Welt, in der ich lebte, ließ ich mir die Erklärung der Kulturwissenschaftlerin Christina von Braun am ehesten gefallen. Sie definiert Anorexie und Bulimie als zeitgenössische Formen der Hysterie. Und diese als das Verhalten von Menschen, die sich den Idealvorstellungen ihrer jeweiligen Gesellschaft in einem solchen Übermaß anpassen, dass sie zur Karikatur dessen werden, was die Gesellschaft von ihnen erwartet. Und weil es zumeist Männer waren, die die Macht hatten, kulturelle Ideale zu bestimmen, waren es häufig Frauen, die zu solchen Überzeichnungen neigten. Und der Ideologie am eigenen Körper ihren Zerrspiegel vorhielten. Wenn auch unbewusst. Um 1900 waren das die ersten Fälle für Sigmund Freud. In meiner Jugend waren es Magersüchtige. Und heute erscheinen mir so viele (junge) Frauen: superklug, supergut, supererfolgreich, superbrav und überangepasst. Mein Sohn kennt sie schon aus der Schule, sie machen nie Fehler und schreiben nur Einsen. Er nennt sie in einer Mischung aus Ehrfurcht und Befremdung Roboter.

Dreißig Jahre lang war ich nach dem Abklingen meiner Essstörung nicht mehr auf eine Waage gestiegen. Ich hatte Angst vor ihr und ihrer erbarmungslosen Macht. Ich wollte nichts mehr mit Messgeräten zu tun haben, die einen krank machen. Wenn ich Fieber hatte, spürte ich das an der Hitze meiner Stirn. Nachdem ein Fitnesstrainer meinen Fettanteil am Fuß messen wollte, stieg ich nie wieder auf sein Laufband. Als mein Freund meinte, Laufen im Park rentiere sich nicht ohne Pulsmesser, Kalorienzähler und Aerob-anaerob-Phasenchecker, beschloss ich, bis zum Ende meiner Tage stupide im gleichen Tempo die immer gleichen Runden zu drehen.

Ich wollte nicht gegen mich in den Kampf ziehen, indem ich ein Messgerät über mich wachen ließ, das nur nach Konkurrenz tickte – und das aufgrund von Kriterien, die ich nicht für menschenfreundlich hielt. Wer ist die Schnellste, Größte, Schönste im ganzen Land?

Ein Frauenarzt nahm mich mal für sich ein, indem er mir eine Standpauke hielt, nachdem ich ohne Notwendigkeit Sondermessungen an meiner Leibesfrucht hatte vornehmen lassen. Jedes Mal, wenn ich in seine Praxis trat, fragte er: »Wie geht es Ihnen?« Er sah mich dabei an, als wollte er eine echte Antwort von mir hören. Ohne sie mit seinen Geräten zu überprüfen. Mich erstaunte das. Es war rar.

Selbstverständlich weiß ich, dass mein Kind nach dem Unfall nicht überlebt hätte, wenn es keine Intensivmedizin gäbe. Trotzdem fürchtete ich die Geräte, die über seinem Körper tickten und piepten. Meine Aversion gegen Selbstkontroll-Messgeräte zur Überwachung – und Bestrafung – meiner selbst ging so weit, dass ich es sogar vermied, meinen Kontostand zu erfragen. Als könnte ich auch diesen erfühlen, ohne konkret zu kalkulieren, am besten: ohne Geld leben.

Das war natürlich Quatsch, und eines Tages stieg ich dann doch mal auf eine Waage und wischte mich im Kaufladen durch Apps, die meine Schlafzeit, mein Sparvorhaben, meine Diätpläne und so vieles mehr überwachen konnten. Konsequenterweise müsste ich mich damit eines Tages als erfolgreiches Selbstüberwachungs-Unternehmen an der Börse anmelden. Bei Facebook war ich ja schon und konnte da die Trainingserfolge eines Bekannten verfolgen. Den erreichte ich zwar nie, aber ich konnte täglich beobachten, wann und wie schnell er welche Runde um welchen See gelaufen war und wie viel Energie er dabei verbraucht hatte. Als ich ihn eines Tages endlich zu Gesicht bekam, wog er 25 Kilo weniger. Das rechtfertigte seine scheinbare Absenz natürlich, er hatte hart an sich gearbeitet.

Kontrolle ist besser als Vertrauen, hat Lenin gesagt, und damit eine Schreckensherrschaft legitimiert. Soziale Kontrolle aber ist noch viel effektiver als Vertrauen.

Ich hatte das ungute Gefühl, mein Schritt auf die Waage war ein Fehltritt. Da ließ ich es bleiben. Aber in vielen anderen Lebensbereichen machte ich so weiter. Da war mir zumindest vorbewusst, was ich tat und was das bedeutete – und tat es trotzdem. Kognitive Dissonanz. Weil ich nicht anders konnte? Weil ich es so wollte?

Manchmal erinnerte ich mich an all die kritischen Sätze, die ich mal gelesen hatte, in meiner Jugend, im Studium und hin und wieder auch später noch, kurz bevor ich abends erschöpft einschlief. In meinem Hinterstübchen ruhte ein Werkzeugkasten voller Analysen, Theorien und kluger Sätze. Manche dieser Sätze begannen erst zu wirken, wenn ich sie lang genug verdaut hatte. Es waren Brocken. Die im Magen lagen. Nicht nur wegen ihres Sinns, auch wegen ihrer Sprache. Sie störten meinen Gedankenfluss. Trotzdem, und deswegen, hütete ich sie wie einen Schatz, leicht verstaubt und gut verschlossen. Denn wenn ich mit dem Werkzeug die Welt auseinandernahm, in der ich lebte, dann musste ich erkennen: Da lief ja einiges falsch. Etwa wie eine Uhr, die anders herum läuft – an deren Lauf sich aber alle gewöhnt haben. Würde man sich dann hinstellen, mit mahnendem Zeigefinger, und rufen: »Hallo Leute, seht doch mal, hier läuft was grundlegend falsch!« – dann würden alle genervt gucken. Sie mussten ja weitermachen. Die Uhr tickte doch. Also halt sie nicht an mit deinem verrosteten Werkzeug.

In der Werkzeugkiste war zum Beispiel das Bild vom Panopticum, das hatte mich beeindruckt. Das Panopticum ist ein kreisrunder, mehrstöckiger Bau, in dessen Mitte ein Wachturm steht, und von diesem aus können die Wächter in lauter kleine Zellen blicken. In diesen Zellen sind Insassen. Das Panoptikum schien für seinen Architekten Jeremy Bantem das perfekte Gefängnis: Die Gefangenen würden sich dauernd beobachtet fühlen. Müssen. Selbst wenn gar keiner im Wachturm war. Der heute Spiegelglasfenster hätte und Kameras.

Egal, ob Big Brother gucken würde oder gerade auf dem Klo wäre und gar nicht da: Als Insasse würde ich mich andauernd überwacht fühlen. Und mein Verhalten anpassen. Weil ich damit rechnen würde, dass mich jemand kontrollierte. Das »Kontrollorgan« könnte ein Mensch sein oder viele. Oder – und das war der für mich bestechendste Gedanke – mein Bewusstsein von der Normenkontrolle. Mein schlechtes oder gutes Gewissen, mein Über-Ich.

Dieses Bild nutzte der Soziologe Michel Foucault, um seine Analyse der Geschichte von Überwachen und Strafen zu veranschaulichen. Die war mir so in Erinnerung geblieben, dass wir Menschen im Laufe unseres Zivilisationsprozesses unsere Regeln und Gesetze unterschiedlich durchgesetzt haben. Früher wurde, wer gegen die Regeln verstieß, bestraft, indem man ihn auf dem Markplatz tötete. Also vor den Augen aller. So versicherte sich jene Gesellschaft ihrer Gesetze. Allmählich verlagerte sich die Bestrafung heraus aus der Öffentlichkeit nach innen. In Strafanstalten wurden die Verbrecher weggesperrt. Man warf sie in den dunklen Karzer, auf dass sie dort krepierten. Allmählich richtete man Gefängnisse ein, in denen die Insassen bewacht wurden. Man fand das menschlicher. Und meinte schließlich sogar, der Mensch sei zur Besserung fähig, sodass er möglicherweise eines Tages wieder am regulären Leben der anderen teilnehmen kann. Dabei wurde die Bewachung wichtiger als die Bestrafung. Und wichtiger als die Überwachung wurde die soziale Kontrolle. Noch ausschlaggebender als die soziale Kontrolle aber wurde das Gewissen des Einzelnen. Denn soziale Kontrolle funktioniert nur, wenn sie dem Einzelnen etwas ausmacht. Wenn es ihn peinigt, dass er bei einem Fehlverhalten ertappt wird. Das ist auch ein Grund, weshalb gewissenlose Menschen so ungeheuerlich erscheinen: Sie stellen die Normen auf den Kopf, weil sie ihnen offenbar total egal sind.

Der Einzelne kontrollierte, disziplinierte und verbesserte sich von selbst. Also ich mich. Wer das nicht schaffte, ging zu den Weight Watchers. Und den überflüssigen Rest der Gesellschaft, der auch das nicht tat, den pathologisierten wir, der war krank. Und bekam Therapeuten, Neurologen oder elektronische Fußfesseln zur Seite gestellt. Bestimmt könnten wir deren Bewegung um den See auch eines Tages im sozialen Netzwerk mitverfolgen.

Warum erinnerte ich mich an all das?

Ich war kurz davor, alle möglichen meiner Daten – zur Selbstkontrolle – freiwillig zu übergeben. Etliche hatte ich schon digitalisiert. Der Organizer in schwerem Ledereinband, mit dem ich früher mein Leben im Griff gehabt hatte, lag schon lang in der Kiste neben den Poesiealben und der Locke meiner Urgroßmutter. Ohne Computer würde ich alle Bezüge zur Welt verlieren. Er war praktisch – und die Verbindung von Kontakten, Kalendern, Profilen und Nachrichten war wie ein Spiel. Ich hatte die meiste Zeit nicht den Eindruck, in einem Gefängnis zu leben.

Nur dann, wenn ich raus wollte. Wenn ich ins Kippbild geriet und mich fragte: Was soll das alles? Dann behalf ich mir, ich rang um Erklärungen für meine Gefühle, meine Gedanken und meine kippende Position. Und ich fragte mich, wie vermutlich jeder Mensch: Wer ist schuld? Bin ich es? Sind es meine Eltern, der liebe Gott, meine Arbeitgeber, meine Nachbarn, meine frühe Kindheit?

Wen konnte ich verantwortlich machen? Wie begründete ich mir die Ursachen und Wirkungen in meinem Leben? Wer hatte so viel Macht über mich?

Foucault behauptete: niemand. Die Macht, sagte er, läge in der Struktur, im System – sie habe kein Subjekt. Das war schwer, wenn nicht sogar unmöglich zu begreifen. In der Schule hatte ich gelernt, dass es einen Satz ohne Subjekt nicht geben könne. Damit etwas geschehe, brauche es ein Subjekt, das die Handlung vorantreibt. Und es geschah doch dauernd etwas. Durch mich? War ich kein Subjekt? Wenn ich in die Leere kippte, schien er mir abhanden gekommen zu sein, mein Subjektstatus, ich fühlte mich nicht mehr handlungsfähig. Der Satz »Ich habe das Gefühl, ich verliere mein Selbst« beschrieb genau das.

Also behalf ich mir mit dem Bild vom PanoptiKum, das mich beruhigte. Es war das System, es hatte einen Bauplan, die Struktur, und die Macht ging vom Wachturm aus. Egal, ob ein Geheimdienst darin saß oder niemand. Es kann auch mein Kopf sein, der denkt: von da aus werde ich gelenkt.

Es war irritierend. Aber es war eine Antwort. Michel Foucault sagte: »Die Zeit durchdringt den Körper und mit der Zeit durchsetzen ihn alle minutiösen Kontrollen der Macht.« Es war eine subjektlose Macht, die Kontrolle über mich ausübte. Ohne dass ich sie sehen, definieren, attackieren konnte. Sie waberte diffus durch mein Leben. Ich wusste nicht, wer sie war, aber sie hatte mich im Griff: die Ideologie, der Diskurs, der Sound. Man kann es nennen, wie man will. Für einige ist es der Dax.

Früher einmal hätte ich im Glauben, das System ändern zu müssen, den Kaiser köpfen können oder Bonzen, Bullen und Banker verantwortlich machen können. Jetzt aber hörte ich, wie wir alle mit verzweifeltem Unterton riefen: Die Welt ist so kompliziert/komplex geworden. Alles hängt mit allem zusammen. Wer ist schon schuld. Jeder gibt doch sein Bestes. Wenn der/ich es nicht tut/tue, dann tut es ein anderer.

Früher wurden Verbrecher öffentlich bestraft und vor aller Augen getötet – jetzt gab ich meine Body-Shaping-Indizes aus freien Stücken in Netzwerke ein oder im Fernsehen kund. Marterte mich, wenn ich nicht den Anforderungen genügte und stellte mich an den Pranger, um den Druck noch zu erhöhen. Strafe nennen wir es nicht, sondern Selbstoptimierung.

Auch wenn meine Vergehen vergleichsweise marginal waren, sie wurden doch geahndet: Wenn ich rauchte, wenn ich trank. Wenn ich zu viel aß und zu fett und zu süß. Wenn ich ohne Gurt fuhr und ohne Helm. Wenn ich wilde Fantasien hatte, wenn ich wirres Zeug redete. Wenn ich anders leben wollte.

Die soziale Kontrolle, die auch mal zum »intelligenten Schwarm« stilisiert wurde, reagierte auf meine Vergehen:

Wenn ich rauchte, musste ich vor die Türe gehen und alle sahen mir dabei zu, wie ich wie eine Aussätzige in der Kälte Gift inhalierte. Wenn ich trank, hatte ich mich dafür zu rechtfertigen, ob Alkoholismus als ein Glas oder eine Flasche täglich zu definieren sei. Auf Kindergeburtstagen gab es Kuchen und Kekse *en masse* und Eltern, die wirkten wie Jünger einer Sekte, wenn sie mit funkelnden Augen riefen: »Und all das ohne Zucker!« Und ich hatte Plastikspielzeug verschenkt. Meine Meinung ging im Shitstorm in Schall und Rauch auf, bis ich mich selbst vorab so weit zensierte, dass keine Haltung mehr übrig blieb. Und meine Sehnsucht nach anderen Lebensformen wurde sogar von meinen Freunden als naiv und unmöglich belächelt.

Ich verinnerlichte die »Kultur der Makellosigkeit«. So nennt es der Kulturkritiker Robert Pfaller. Es ging nicht mehr um Geselligkeit, um die Freude am Andersartigen und an der Vielfalt, um das Schöne und Gute. Sondern um die Kontrolle des Ich. Das Leben hatte auf Kosten und Nutzen hin kalkuliert zu werden. Auf Gewinn.

Also riss ich mich zusammen und hielt mich selbst für korrigierbar. Morgens um halb sieben stand ich auf, ich lief zum Yoga, zum Therapeuten und durch all die anderen Reparaturwerkstätten mit Spa und Wellnessabteilung, die mich übers Wochenende schnell so weit herstellten, dass ich am Montag wieder zur Arbeit konnte, zum Elternabend und weiter durch mein adrettes Leben.

Ich wirkte auf mich wie die Karikatur meines Selbst. Von dem ich immer öfter nicht mehr wusste, wer oder was es war. Das ich immer abstoßender fand. So sehr, dass ich mich manchmal ermahnen – lassen – musste: Jetzt mach doch mal halb lang! Wenn es der Mann an

meiner Seite sagte, wurde ich wütend. Wer sollte den Laden denn sonst schmeißen? Wenn es meine Eltern sagten,
dachte ich: Bei euch war eben noch alles anders! Und
wenn es meine Freundin sagte, blickte ich aus dem Fenster und zischte, vorbei an dem Kloß, der sich im Hals ball-
te, »Aber wie denn?«

In solch heiklen Momenten konnte ich es mir mit dem
Griff zur Schatzkiste mit den Werkzeugen einfach machen:
Das System ist schuld. Ich bin total machtlos. Scheiß Kapi-
talismus.

Ich schimpfte darauf. Weil er angeblich die Geschichte
gewonnen hatte. Weil sich alle anderen Ideen von gemein-
samem Leben unmöglich gemacht hatten. Weil er das Träumen verhinderte. Mich störte seine Siegerpose und seine
angebliche Alternativlosigkeit. Und seine Grundidee, das
wurde mir immer klarer, zermürbte mich in ihrem Turbogang: Um auf dem Markt gegen die Konkurrenz zu beste-
hen, musste ich jederzeit schneller, schöner, weiter sein.
Das erforderte von mir permanentes Wachstum. Ich musste an mir arbeiten, mich verbessern, mich perfektionieren.
Nur so würde man in meine Arbeitskraft investieren. Gegen Konkurrenz auf dem Schönheitsmarkt war ich seit
meiner Magersucht vergleichsweise immun – aber ich
kannte genug Frauen und auch Männer, die glaubten, aufgrund eines mangelhaften Körpers nicht mithalten zu können. Mit unseren Körpern wurde Politik gemacht.

Als der Kapitalismus, entfesselt und losgelassen, sich
überschlug und in eine Krise geriet – wir nannten es
Finanzkrise –, lief ich zu meiner Kiste und kramte darin.
Auf der Suche nach dem Werkzeug, das mir helfen könnte
zu verstehen, warum wir so lebten. Wofür wir das Wirt-

schaftswachstum eigentlich brauchten. Warum wir uns so davon kujonieren ließen.

Allein, ich fand es nicht. Da war keine brauchbare Erklärung in meinem Theorienschatz. Also machte ich mich auf die Suche.

War das vielleicht nur Ablenkung? Von meinen persönlichen Problemen? Einige meiner Freundinnen dachten so, glaube ich. Wer Spaß an Rubrizierungen hat, kann uns Frauen am Rand des Nervenzusammenbruchs in zwei Teilmengen stecken: Diejenigen, die die Krise mit Aktionismus zu kaschieren versuchen. Zu der Sorte gehörten ich und die Freundin mit dem Erdbeerkneifer. Und solche, die es drängt, die – eigene – Krise auszudiskutieren.

Mit diesen Freundinnen saß ich dann auf dem Sofa: Sie sind in eine Decke gehüllt, denn sie haben kalte Füße, ihre Hände umschließen einen Humpen Tee, sie kuscheln sich in einen Wollpulli und sie weinen. Sie weinen oft und schnell – und ich bewundere das. Es ist mir fremd: dass sie kein Pokerface aufsetzen. Sie haben allen Grund zum Weinen, ja, sie haben Gründe genug. Gescheiterte Beziehungen, allein mit Kind und die Arbeit stimmt nicht.

Die Teetrinkerinnen bezichtigen die Turbogängerinnen des Verdrängens. Und die Turbotanten die Heulsusen des Wundenleckens. Verdrängen oder Bekennen. Wobei die einen sich mehr über den Mann und die anderen eher über die Arbeit definieren.

Meine Kokonfreundinnen fanden es befremdlich, wenn ich die symbolische Ordnung für meine privaten Probleme in die Verantwortung nehmen wollte. Sie drückten mir Tarotkarten in die Hand und Ratgeber, die mir Glück versprachen – wenn ich nur mehr an mir selbst arbeitete. Diese Bücher, das war mein Gefühl, verlangten von mir das Gleiche wie der Rest unserer Welt auch, nur unter einem anderen Vorzeichen. Sie säuselten: »Entspann dich, koch dir eine vegane Suppe, mach Wellness, be yourself!« Aber es war doch das übliche Selbstverbesserungsdiktat. Subtil von hinten durch die Brust. Denn es ließ mich nicht raus, sondern zog mich rein, in den Kokon, ins Stillhalten – in die passivierte Affirmation des: Du bist nicht gut genug. Nicht mal zu dir selbst.

Trotzdem hatte auch ich hin und wieder Spaß daran, Karten zu legen und Seelenstrips zu veranstalten. Narzissmus kann befriedigen. Aber es machte mich traurig und wütend, dass die Turbofreundinnen nie anhielten und weiterrasten und die Kokonfreundinnen die Schuld immer bei sich selbst suchten. Und so wenig bei den Idealen, an denen sie verzweifelten. An der Oberfläche kritisierten sie das Frauenbild oder das Bild davon, wie eine Familie zu sein hatte. Aber tief drinnen revoltierten sie doch gegen sich selbst. Weil sie nicht genügten. Weil doch jeder, so suggerierte es die Ideologie, seines Glückes Schmied war. Also selbst Schuld. Darum gingen sie in Therapien, um ihr Ego richten zu lassen. Damit waren einige meiner Kokonfreundinnen so beschäftigt, dass sie kaum noch auf andere Gedanken kamen. Jahrelang.

Ich hätte ihnen gern die Soziologin Eva Illouz ans Herz gelegt. Die anaylsiert unser Liebesverhalten so schlau. Doch die Kokonfreundinnen zogen der komplexen Lektüre meist die von luftigeren Psychoratgebern vor. Bei Illouz fand ich genau das, was ich vermutete: »Wir können dieses falsche Bewußtsein durch den Umstand charakterisieren, daß das Subjekt unfähig ist, die Natur und die Ursachen seiner (sozialen)

Not zu erkennen und zu benennen, und daß es, wenn es sich einen Reim auf diese Not zu machen versucht, zu seinem eigenen Nachteil den Standpunkt eines anderen (in unserem Falle des Mannes) einnimmt – die Frauen klagen sich selbst der Sünde an, verlassen worden zu sein.«

Mir kam das neurotisch vor. Ich glaubte, ich hätte meine depressiven Knockouts im Griff. Gerade weil ich sie nicht zum Dauerthema machte. Sondern sie, im Psychologensprech, in mein Leben integrierte – und damit weiter joggte. Im Sinne des Soziologen Alain Ehrenberg, der sagt, dass die Depression die Krankheit des Individuums ist, »das sich scheinbar von den Verboten emanzipiert hat, das aber duch die Spannung zwischen dem Möglichen und dem Unmöglichen zerrissen wird.« Die Neurose, die meine Kokonfreundinnen betraf, bezeichnete er als »das Drama der Schuld«, die Depression als »die Tragödie der Unzulänglichkeit«. Unsere Freundschaften waren also anstrengend und verlockend zugleich: Man hatte immer ein Thema – das psychologisierte Ich –, bei dem man sich gut auskannte. Man musste keine Externa studieren. Die einen vom Selbst ablenkten.

So wie mich die Suche nach der Dechiffrierung des Wirtschaftswachstums. Das keiner von uns wirklich begriff. Oder zu verstehen versuchte. Vielleicht, weil es wie die Luft zum Atmen war. Oder das Wasser, in dem wir schwammen, wie in der Parabel von David Foster Wallace, in der zwei junge Fische auf einen alten treffen. Sagt der: »Morgen Jungs, wie ist das Wasser?« – Darauf die beiden: »Was zum Teufel ist Wasser?«

Ich wollte verstehen, worin ich lebte. Also stellte ich die Systemfrage, zu einer Zeit, als ich mich von einem jungen in einen alten Fisch verwandelte. Da schrieben sie von der Krise und dass wir tüchtig einkaufen sollten, um die Konjunktur anzukurbeln, am besten ein Auto. Aber ich fand die Idee, dass wir die Welt durch noch mehr Konsum retten sollten, irre. Und überhaupt: Wie konnte die Wirtschaft immer weiterwachsen? Wie ein Perpetuum mobile, wie sollte das gehen?

Ich war mit der Wachstumsfrage groß geworden. Als Kind hatte ich zum ersten Mal von dem Gedanken gehört, das Wachstum könnte Grenzen haben. Es war während der Ölkrise, als es hieß, die Sache mit dem Wirtschaftswachstum würde den Globus vernichten. Und zwar bald. Das hatte mir große Angst gemacht.

Also suchte ich eine Erklärung. Bei dem Historiker Achatz von Müller las ich, es habe mal ein Leben ohne Wirtschaftswachstum gegeben. Bis zur Industriellen Revolution hätten die Menschen geglaubt, der Vorrat der Welt sei begrenzt. Einer hatte 1450 geschrieben: »Indem ich reich bin, mache ich andere, die ich vielleicht gar nicht kenne, arm.« So dachte ich noch heute: mittelalterlich! Der Gedanke, alles könnte sich dauernd und endlos vermehren, ging nicht in meinen Kopf. Doch angeblich vollbrachte der Kapitalismus dieses Wunder. »Ohne Wachstum kein Kapitalismus und vice versa«, hieß es bei dem Professor.

Da fischte ich den Politikwissenschaftler Benjamin Barber aus meinem Regal, der sagte, der Markt produziere zu viele Waren, und um die loszuwerden, müsse er ständig neue Bedürfnisse in uns Menschen wecken. In Klammern ließ er *en passant* all die Schlagworte fallen, über die ich andauernd und so widerwillig stolperte. Als wären es Ostereier: »Als legitim gilt nur noch ein Wert (der Profit), nur eine Aktivität (das Shopping), nur eine Identität (der Verbraucher), nur ein Verhaltensmuster (der Austausch auf dem Markt) und nur eine Lebenswelt (der Kommerz).« Und dieser Markt müsse einfach nur an unsere kindlichen Impulse appellieren und zack: Habenwollen! Wie bei meinem Sohn. Der hatte, als er eines Tages einen singenden Plüschpinguin entdeckte, geglaubt, er bräuchte nichts dringender im Leben. Einige Wochen nach dem Erwerb der Ware hatte diese schon ihre Aura der Glückseligkeit eingebüßt und er erklärte sich, heldenhaft, bereit, sie »den armen Kindern« zu schenken. Stichwort: Umverteilung.

So unähnlich war ich meinem Kind nicht. Wenn es einen singenden Plüschpinguin wollte, ließ mich das nicht kalt. Im Gegenteil: Ich brauste auf. Weil ich mich selbst in seinem Habenwollen erkannte. Und auch selbst bekämpfte. Die Lust am Kick, der Rausch, die Ungeduld, die Gier – auch ich war ein Konsumjunkie. Und sogar ein pawlowscher One-Klick-Dog: Wenn ich mich aus meinem Alleinsein vor dem Bildschirm katapultieren wollte, für eine klitzekleine Endorphinspritze, kaufte ich mir schnell was online. Mit einem Klick kam der Kick. Von dem Händler, der alle Gazellen gerissen hatte. Amazon hatte ein Riesenangebot und ich die Wahl: Ich konnte dieses kaufen oder jenes kaufen, alles kaufen.

Aber gar nicht kaufen?

Null Wachstum, hieß es, würde bedeuten: autonom auf einem Hof zu leben, ohne Elektrizität, ohne Wasser, ohne Warentausch. Nur von Landlust und Liebe zur Natur. Einige meiner Freunde zogen hinaus, in die Marken und Weiten. Und auch ich empfand eine Zeit lang das Grün als Trost.

Sobald ich in der Natur war, im Wald und auf Wiesen, fühlte ich mich heil. Die Idee vom Garten im Grünen wurde zum Fluchtpunkt, fern vom Stress der Stadt, fern von jedem Netz und ganz nah dran an dem, was echtes Leben und echtes Wachstum auszumachen schien: ein Wachstum, das Werden und Vergehen zulässt. Kein Wettlauf, sondern ein Kreislauf.

Das hatte Lebensqualität. Die hing eben nicht nur vom Wirtschaftswachstum ab und vom Bruttoinlandsprodukt. Sondern auch von sozialen, kulturellen und ökologischen Faktoren. Weshalb der König von Bhutan das davon abhängige Wohlbefinden seiner Bürger als Maßgabe in die Verfassung seines Landes aufnahm: als Bruttonationalglück. Bei uns ist das Bruttoinlandsprodukt seit Ende der Siebziger stetig gestiegen – es geht den Menschen aber nicht rundum besser.

Im Jahr 2030 wird die Depression die häufigste Krankheit in den wohlhabenden Ländern sein. Das befürchtete der Stressreport der Bundesregierung schon während der Krise. Da hieß es: Fast jeder zweite Mensch fühlte sich bei der Arbeit dauernd durch Telefonate und Mails unterbrochen; knapp 60 Prozent fühlten sich durch das gleichzeitige Erledigen verschiedener Aufgaben belastet; für 35 Prozent war die Arbeitswoche länger als 40 Stunden; 26 Prozent klagten darüber, dass sie keine Pausen machen könnten; 64 Prozent arbeiteten auch samstags, 38 Prozent an Sonn- und Feiertagen. Besonders belastet fühlten sich die Chefs; sie trugen das gleiche Burn-out-Risiko wie berufstätige Mütter oder auch Väter, wenn sie Haushalt und Familie weitestgehend alleine managten. 2011 waren in Deutschland 59,2 Millionen Arbeitsunfähigkeitstage aufgrund psychischer Erkrankungen registriert worden. Das war – seit 1987, als ich von der Schule ins Erwachsenenleben entlassen wurde – ein Anstieg um mehr als 80 Prozent.

Der Soziologe Ehrenberg sagt: »Der Depressive ist ein Mensch mit Defekt.«

Und der kostet die Volkswirtschaften mittlerweile eine Menge Geld. 15,5 Milliarden Euro waren es 2010, die für die Behandlung von Depressiven ausgegeben wurden; nur zwei Milliarden weniger als der Schaden, der durch Rückenschmerzen entstand. Daher bieten die Versicherungen Profilaxe an und die Politik beginnt sich Gedanken über Gesetze zur Zeitsouveränität zu machen.

Die Arbeit, die wir für das Wirtschaftswachstum angeblich brauchten, machte uns also krank. Im Umkehrschluss hieße das: Gesund wären wir, wenn wir nicht für das Wirtschaftswachstum arbeiteten. Aber leider ist die Wirtschaft nicht mehr für den Menschen da, sondern der Mensch für die Wirtschaft.

Ich schlich zu meiner Instrumentenkiste und holte die blauen Bände heraus. Ein Grundwiderspruch des Kapitalismus, stand bei Friedrich Engels und Karl Marx, sei die Tendenz des Wachstums, Arbeit abzuschaffen. Grundwidersprüche hatten es mir angetan, das musste eine heiße Spur zu sein. Denn heute behauptete man doch das Gegenteil: Wachstum sei für die Arbeitsplätze da.

Ich hatte aber auf mehr gehofft, auf eine andere Idee, auf »Die Andere Idee«. Vision klang zu sehr nach PR, Utopie abgehalftert und einen anderen Ismus wollte kein Mensch mehr ausprobieren. Ismen und Freiheit gingen irgendwie nicht zusammen, dafür war eine Ideologie tendenziell zu totalitär und die Bedürfnisse der Individuen nach

Freiheit tendenziell zu unbeständig und widerspenstig – und deswegen, so schien es mir, verschwamm bei uns alles zur diffusen Unkenntlichkeit.

Und überhaupt, die Vorstellung, eine alternative Utopie einer ganz anderen Form des Zusammenlebens zu ersinnen, fühlte sich abstrus an. Ich sah mich dann mit anderen in einem Hinterzimmer sitzen wie in einer illegalen Poker-Pinte und an Flipcharts Gesellschaftsformen skizzieren. Während es meinem kleinen Hirn für kleine Gemeinden gerade noch gelang – autarke Landkommunen, Tauschsysteme, Grundeinkommen, Bürgerbeteiligung –, kollabierte meine Fantasie in dem Augenblick, da ich mir solch ein System für den ganzen großen Globus zu visualisieren versuchte. Als erlitte ich einen zerebralen Systemzusammenbruch: Blackout. Ob heimlich gesteuert, im Unbewussten angelegt oder persönliches Versagen; der alternative Gesellschaftsentwurf war eine Totalüberforderung.

Zu meinem Freund sagte ich, dass ich mir auf der Suche nach einer Erklärung des Wirtschaftswachstums bekloppt vorkam, wie ein Volltrottel. Er sagte: »Du bist jetzt wie Borat. Bleib dran. Du wirst in die Rolle des Hofnarren reinwachsen.«

Mir fiel der Soziologe Ulrich Beck ein. Er hatte über die Risikogesellschaft geschrieben und über das Chaos der Liebe, das gefiel mir, er beobachtete das Ganze und das Individuelle, und zwar kritisch. Er sprach aus, was mir entgegen kam: Wir lebten in einem paradoxen Grundsachverhalt. Im Grunde ginge es beim Zusammenleben doch um Wahrung und Stiftung von Ordnung, unser System setze aber seit ein paar hundert Jahren auf das Gegenteil, nämlich auf »die permanente Neuerung, die im wirtschaftlichen Erfolg ihr eigentliches Ziel hat – und abstrakt ist gegenüber den Folgen, die das möglicherweise hat für die Menschen, ihre Institutionen und die Welt, in der sie leben.«

Aber auch Beck meinte, es gäbe wohl kaum eine Alternative. Er propagierte einen »Grünen Kapitalismus«. Darin müsse der Konsument eine neue Rolle spielen, denn jeder Kaufakt sei auch ein Wahlakt. Wenn es zu einer Überschneidung von Bürger und Konsument käme – ähnlich wie es zu einer Überschneidung von Bürger und Arbeitnehmer gekommen war, durch die Gewerkschaftsbewegung –, dann könnte das, so meinte Beck, für die Unternehmen einen enormen Drang zur Veränderung darstellen: »Die organisierten Arbeitnehmer kann man entlassen. Organisierte Konsumenten kann man nicht entlassen.«

Ich sollte also immer schön weiterkaufen. Aber mit Bedacht. Und im Bewusstsein meiner Macht. Das tat ich ja auch. Ich ging in den Biosupermarkt, kaufte Klamotten wieder aus zweiter Hand, tauschte Schlagbohrer, Auto und Wohnraum und war beleidigt, als man uns Bionade-Biedermeier schimpfte. Es klang wie Gutmenschen. Gutmenschen und Bio-Bobos, das waren diese abgehobenen Sozialromantiker, die nichts kapierten und naive Fragen stellten.

Denen ging es wohl zu gut! Lästerten diejenigen, denen das Soziale sonst total egal war, und dass nur »die Besserverdienenden« sich Bio leisten könnten und »die weniger Privilegierten« vom Discounter leben müssten. Sie mieden klare Worte, sie mochten keine guten Menschen, Reiche und Arme, und sie sprachen weiter von den Märkten, als wären es Haustiere. Die reagierten nervös, wenn sie nicht genug Aufmerksamkeit und Zuneigung bekämen. So wurde das Ökologische gegen das Soziale ausgespielt. Eine perfide Taktik.

Ich war auf der Hut. Und siehe da: Als das Ökologische allmählich salonfähig wurde, sahen die Ökonomen, dass man auch mit Bioetiketten Gewinne machen konnte. Und mit Tauschbörsen. Die Erfinder von Wohnraumwechsel-Portalen konnten an der Börse auf Milliardengewinne hoffen. Und sogar ich, das musste ich gestehen, vermietete meine Wohnung nicht nur, weil ich nette Menschen aus aller Welt kennenlernen wollte. Sondern weil sie schnelles Geld brachten. Und so setzten in manchen angeblich ökologischen Wirtschaften die gleichen Prozesse ein wie zuvor in den konventionellen: Manche Tomaten in Spanien bekamen mehr Wasser und Zuwendung als die Arbeiter aus Afrika, die sie pflückten.

Und das sollte der Sinn von Wirtschaftswachstum sein, egal ob grün, rot oder schwarz?

Und woher, verdammt, kam die wundersame Vermehrung? Aus Afrika?

Eines Tages wurde ich fündig, als ich mit meinen Kindern die »Sendung mit der Maus« sah. Nachrichten für Kinder nennen die Dinge beim Namen. Kinder fragen. Nach Dingen, die wir Erwachsenen uns als gegeben vormachen lassen. Die Sendung mit der Maus gab auf die Frage »Warum muss unsere Wirtschaft ständig wachsen?« folgende Erklärung: Wirtschaft sei Austausch von Produkten und Dienstleistungen. Heute tauschten wir nicht mehr Kuhhäute gegen Feuersteine, wir benutzten Geld. Woher kam das Geld? – Bei uns von den Banken. Da saßen Menschen, die Geld verdienten, manche sehr viel. Die Banken wollten Geld dafür, dass sie Geld zur Verfügung stellten. Dieses Geld für das Geld –

die Zinsen – mussten alle aufbringen, die in der Wirtschaft tauschten. Und weil sie beim Tauschen immer nur den Gegenwert bekamen, mussten sie das, was das Geld kostete, zusätzlich zusammenkriegen.

Und dafür musste die Wirtschaft wachsen: Damit wir unser Tauschsystem abbezahlen konnten. Bei den Banken. So wurden wir Schuldner der Banken. Damit sie nicht zu Gläubigern werden konnten, hatten die Religionen eigentlich mal ein Verbot ausgesprochen: Das Alte Testament und der Islam wünschten keine Zinswirtschaft. Natürlich umging der *Homo oeconomicus* das geschickt.

Jedoch: Wenn das Wirtschaftswachstum unter dem lag, was für das Geld ausgegeben werden musste – dann wurde es eng. Dann mussten sich alle verschulden, die Regierung, die Bevölkerung, der Staat. Es kam zur Krise. Vielleicht zum Krieg, da holte man sich in anderen Ländern, was man brauchte. Oder es kam sogar zur Revolution, da holten es sich die Leute im eigenen Land. Von denen, die immer noch was hatten. Die gab es. Das waren die, die Vermögen angehäuft hatten, in Form von Zinsen, Kapital, Besitz. Mittlerweile besaßen ein Prozent der Menschen mehr als alle anderen zusammen und die Verteilungskriege, die wir längst hinter uns geglaubt hatten, brachen an allen Ecken wieder aus. Die Krise ließe sich vermeiden: Wenn die Vermögenden mehr ausgaben als anzuhäufen, indem sie ihr Vermögen aus- oder abgaben. Selbst wenn alle das täten, würde das Vermögen anderswo aber wieder angehäuft. Und alles ginge von vorne los. So funktionierte das mit dem Wirtschaftswachstum.

Diesem System gaben wir verschiedene Namen. Wir Deutschsprachigen, mit unserer Geschichte vom Kapital, nannten es: Marktwirtschaft. Statt Kapitalismus. Das klingt weniger ideologisch. Und so, als ob auf dem Markt Gleichwertiges getauscht anstatt Kapital akkumuliert würde. Wir fügten, in seiner Anfangszeit, noch das Soziale hinzu. Und beugten uns dem Wirtschaftswachstum, als wäre es ein nicht hinterfragbares Naturgesetz. Als wüchse das Ding immer weiter, immer schneller, immer höher, endlos.

Wenn es gefährlich wurde und zu kippen drohte, in Krisen, Revolutionen oder Kriegen – dann wurden wir aufgefordert, unser Geld auszugeben, indem wir schnell irgendwelches Zeug konsumierten.

Wobei das Wir eine schwammige Sache war, dachte ich: Ich konnte nicht gemeint sein, ich hatte, obwohl ich zum Mittelstand gezählt werden könnte, wenig übrig, was ich schnell mal ausgeben konnte.

Da war was verrutscht. Und so mussten wir uns andauernd irre anstrengen, um den gefräßigen Hamster zu füttern. Selbst wenn er die Erde auffraß und unsere Seelen, die erkrankten.

Was sollte ich nun tun? Theoretisch: So viel Geld verdienen, dass ich beim Fressen und Gefressenwerden mithalten könnte. Praktisch: nicht machbar. Zudem: von mir nicht erwünscht. Das konnte nicht der Sinn meines Lebens sein.

Also ... wurde ich erst mal ein bisschen aktionistisch und versuchte, mich aus dem gängigen Geldkreislauf auszuklinken. Es gab ja Ökobanken, die mit meinem Geld Gutes tun wollten, anstatt sich dadurch zu bereichern. Der Haken war nur: Diese Banken vergaben, logisch, keine Kredite. Die brauchte ich aber gelegentlich. Denn ich hatte die Maßstäbe von Giro und Dispo verinnerlicht. Das, worauf ich mir so viel eingebildet hatte – mein Gefühl für

Maße und Zahlen –, hatte sich den Gesetzen des Geldkreislaufs angepasst. Und so gab ich immer genau so viel aus, wie ich ausgeben konnte: alles. Ich pendelte mich immer bei Null ein. Und »Null« hieß mehr und mehr: am Ende des Dispo.

Dafür konnte ich auch die anderen verantwortlich machen: die mein Gehalt niemals mit der Inflation ausglichen und viel geschickter mit meinen Honoraren jonglierten als ich selbst. Es war permanent etwas vor meiner Nase in der Luft. Aber nie genug auf meinem Konto. Also musste die Bank mir so lange aushelfen. Eigentlich dauernd. Die Nulllinie war wie eine magnetische Eichung und ich fühlte mich systematisch geeicht.

Ich glaubte nicht an eine Weltverschwörung, es war systemimmanent. Die Banken wollten mich in Versuchung und Abhängigkeit bringen. Deswegen schlugen sie mir auch immer wieder vor, meinen Dispo zu erhöhen. Weil sie wussten, dass sie dann noch mehr Geld mit mir verdienen konnten. Die Lebenshaltungskosten stiegen, wie sie das immer tun (siehe Wachstum, siehe Inflation), die branchenüblichen Honorare und Gehälter waren in den 20 Jahren meiner Berufstätigkeit um bis zu ein Drittel gekürzt worden, und ich hatte, umgekehrt proportional, nicht mehr einen, sondern drei bis vier Mägen zu füttern.

Und dann litt ich, mit zunehmender Lebenszeit, auch noch unter einer lästigen Selbstanmaßung: Ich fand, mir stünden nach so viel Berufs- und Lebenserfahrung gewisse Dinge zu. Mal eine Hose, mal ein Lippenstift, mal ein Buch und pro Jahr eine Woche Hüttenferien mit der Familie. Ein Auto brauchten wir nicht, der Fernseher war noch eine Röhre und Schrankwände konnte ich eh nicht leiden.

Trotzdem führte ich mich auf, als wäre ich Mitglied des materiell wohlanständigen Mittelstands der Achtziger.

Das war ich aber nicht. Ich war die ideelle High Performerin des arrivierten Luxusprekariats.

Also musste ich mich verschulden. Das Versprechen auf Rückzahlung trieb mich wie alle anderen – das las ich bei David Graeber, einem der Gründer der Occupy-Bewegung – in die Sklaverei. Seit der Erfindung des Kredits vor 5000 Jahren läuft das so, schreibt Graeber: Der Mensch soll sich schuldig fühlen. »Wenn die Geschichte etwas zeigt, dann dies, dass es keine bessere Methode gibt, auf Gewalt gegründete Beziehungen zu verteidigen und moralisch zu rechtfertigen, als sie in die Sprache von Schuld zu kleiden – vor allem, weil es dann sofort den Anschein hat, als sei das Opfer im Unrecht.«

In meinem Umfeld kannte ich keinen, dem es nicht ähnlich wie mir erging. All meine Bekannten und Freundinnen, die im Turbo wie die im Kokon, waren auf Null bis minus Null. Egal, wie viel oder wenig sie verdienten. Ausnahmen gab es wenige und eher in der Generation vor uns. Da gab es noch Menschen, denen es gelang, Geld zu sparen. Es waren meist jene, die Armut und Krieg erlebt hatten – und das Wirtschaftswunder. Ich hingegen konnte kein Geld sparen. In guten Momenten erhob ich mein Verhalten zum einzig wahren und schönen Hedonismus-Prinzip und delektierte mich an barocken Bekenntnissen wie dem des Kirchenkenners Matthias Dobrinski: »Verschwendung ist die Kunst, dem Einerlei ein Schnippchen zu schlagen, für einen Moment alle Sparsamkeiten in den Wind zu schlagen und auf alle Effizienz zu pfeifen. Sie schafft die Gemeinschaft der Verschwender. Das rechte Verschwenden ist eine Kunst und Tugend wie das Sparen zur rechten Zeit.«

In schlechten Momenten fühlte ich mich schuldig – und moralisch widerlegt. Durch Sparer wie meine Schwiegereltern, von denen ich mir etwas leihen musste oder die mir, noch schlimmer, etwas schenkten. Und ich schämte mich, wenn sie Wurst vom Discounter aßen – obwohl sie sich die vom Biometzger hätten kaufen können. So wie ich es tat. Obwohl ich es mir nicht leisten hätte sollen.

Anspruch und Wirklichkeit passten nicht zusammen, ich lebte über mein Maß. Und taten wir das nicht alle, in globalem Ausmaß? Aus Scham wurden manchmal Offensiven. Diese Fixierung auf das Geld, auf Schnäppchen, auf Preisvergleiche, die Freude am Gesparthaben nach dem Habenwollen, an etwas, das man nicht benötigte, nur weil es heruntergesetzt war. Singende Plüschpinguine! Perfide Irreführung der Konsumenten! In meiner demonstrativen Ablehnung bezog ich mich aber genauso auf das Geld wie jene, die es verabsolutierten. Es war nicht zu leugnen: Ich war von diesem System abhängig und kam da nicht raus. Auch ich war nicht immun gegen Konsum. Wie ein Anonymer Alkoholiker nicht immun ist gegen seine Droge. Ich war ein Teilchen vom Wirtschaftswachstum.

Also vertagte, verschob, verdrängte ich meinen Ausstieg, blieb bei der bösen Bank und sympathisierte in meinem stillen Kämmerlein mit Leuten wie Graeber, die sich auf die Straße vor die Bankhäuser stellten und sich trauten, zu fordern, was ich für unrealistisch hielt, auch wenn ich den Grundwiderspruch Che Guevaras liebte: Lasst uns Realisten sein und das Unmögliche verlangen. Und die Banken abschaffen. Ein bedingungsloses Grundeinkommen für alle verlangen. Eine Ökonomie, die nicht auf Gewinn aus ist, sondern für das Gemeinwohl da ist. Und so weiter.

Warum ging ich nicht mit auf die Straße? Warum stand ich da auf meiner Insel und fühlte mich allein und überfordert? Warum war ich so »unpolitisch«? Sprich: Warum trat ich nicht in eine Partei ein oder in eine NGO und tat mit anderen meinen Widerstand kund? Lag es daran, dass ich mich selbst nicht ernst genug nahm? Oder daran, dass ich vor der Übermacht des Systems kapitulierte, indem ich mir einredete, ich hätte nicht den Hauch einer Chance, es brächte eh nichts. Dass ich mich vielleicht mal auf der Straße, aber niemals in der Politik sah, weil sie mir zu mühsam erschien, zu aufreibend und abstoßend, nicht mein Sponti-Ding.

Und wie sollte ich auch das noch schaffen, nebenher? Ich hatte Geld zu verdienen, ich hatte Kinder, ich hatte keine Zeit übrig und schon gar nicht für Zeltlager und Mühlen, die langsam mahlten. Der Begriff Ortsverein klang in meinen Ohren so vorgestrig wie Kaffeekränzchen, es war eine mir ferne, öde Kulturtechnik. Ich war zu ungeduldig für Ochsentouren. Und zu unordentlich im Kopf.

War ich zu bequem?

Ja.

Und noch mal: ja.

Ja! Ja! Ja!

(Sie merken: Ich bin jetzt vom Aktionismus- in den Bekennermodus gewechselt.)

Machte ich es mir einfach, indem ich aller Sehnsucht zum Trotz meinte, der Protest – und sogar einer *en masse* – würde doch wieder nur geschluckt? Von einem Denken, das so flexibel geworden war, dass es seine Gegenkulturen geradezu bedürftig aufsog. Es war ja angesagt, anders zu sein. »Occupy All Streets« rief der bestverdienende Rapper aller Zeiten, Jay-Z, und druckte es in seinem Namen auf T-Shirts, die zu Bestsellern wurden. Die Revolte, der Rock 'n' Roll, der Punk, ein bisschen Randale, eine Revolution in einem fernen Land – das sahen wir doch alle gern, im Fernsehen.

Und dann guckten wir sonntagabends Tatort, zu zweit auf dem Sofa. Am Montagmorgen musste ich wieder zur Arbeit. Und vor dem Einschlafen flüchtete ich ein bisschen. In andere Welten, die ich in Büchern fand. Von Anthropologen, die sich auf die Suche nach der Vielfalt menschlicher Lebensformen gemacht hatten.

Beispielsweise trieb ich mich am Amazonas herum, bei den Pirahã. Das waren real existierende Menschen, die ohne Zahlen leben konnten, ohne Eigentum und ohne Vergangenheit und Zukunft. Es gab nämlich für sie nur das, was sie selbst erlebten, hier und jetzt. Deswegen konnte der Linguist und Missionar Daniel Everett ihnen nichts von seinem Jesus und unserer Kulturgeschichte vermitteln: Sie sahen ihn nicht, also existierte er nicht. »Für Pirahã besteht Wahrheit darin«, schrieb Everett, »einen Fisch zu fangen, ein Kanu zu rudern, mit den Kindern zu lachen, den eigenen Bruder zu lieben, an Malaria zu sterben.« Bestimmt hielten sie Menschen wie Everett für ähnlich absonderlich wie mein kleiner Sohn seine Idee von Außerirdischen. Es wäre ja gut möglich, sagte er oft und man konnte zusehen, wie sein Gehirn lustvoll auf Hochtouren lief, dass diese Lebewesen so anders wären als wir, dass wir ihre Existenz und ihre Wahrnehmung der Welt niemals verstünden!? Die Pirahã bezeichneten sich selbst als »das glücklichste Volk«, und der Sprachwissenschaftler, der ausgezogen war, um sie zu bekehren, gab seine Mission schließlich auf. In der Hoffnung, einer von ihnen werden zu können.

So was faszinierte mich. Ich träumte von Welten auf unserer Erde, die unseren Sound noch nie gehört hätten. Denen unsere Ideologie, unser Glaube an Wachstum, Fortschritt, Schnelligkeit, Dichte, Besitz, Gewinn, Selbstoptimierung, dieser permanente Druck fremd wären.

Ich wünschte mir keine abgeklärte Dialektik, ich wünschte mir verzaubertes Leben!

Warum stieg ich nicht aus? Es gab Menschen, die das getan hatten. Daniel Everett hatte mit seiner Familie sieben Jahre bei den Pirahã gelebt und David Graeber als junger Student in einer Kommune auf Madagaskar. Ein Mann hatte in seiner Heimat New York auf einem Tonband den Gesang der Buschmänner im Dschungel Afrikas vernommen, dahin war er gereist, geblieben und einer von ihnen geworden. Ich verstand die Sehnsucht dieser Leute.

Doch kaum etwas lag mir so fern wie der Missionierungsdrang eines Religiösen. Ich hatte, das jedenfalls glaubte ich, die Ungebundenheit der Jugend verloren – so ich sie jemals besessen hatte, denn ich hatte brav den Marsch durch die Instanzen gemacht. Und ich hatte noch immer keinen Ruf einer Circe vernommen.

Ich glaubte zu wenig, ich war zu bedächtig. Wie sollte ein solcher Bruch funktionieren? Wie hätte ich meine Geschichte auf Neustart setzen und eine Pirahã im Amazonas werden sollen, die keine Vergangenheit und keine Erzählungen kennt? Das würde nur per Gehirnwäsche funktionieren. Und wie sollte ich mich ausklinken aus meiner Welt – ohne alles zu verlieren, mein Gedächtnis, meine Geschichte und die Menschen, die mich am Leben hielten? Warum überhaupt sollte ich das tun? Das, was mir wichtiger war als meine Freiheit, aufgeben?

Außerdem hatte ich Aussteiger gesehen, deren Seelen zwischen den Welten hängengeblieben schienen. An den Stränden der Ägäis oder unter den Gipfeln des Atlas waren ihre Leben in ein Vorher und ein Nachher gebrochen – und sie schienen immer im Schatten des anderen Teils zu wandeln, auch wenn die Sonne ihre neuen Gestade noch so hell bestrahlte. Ich hatte ja selbst einmal versucht zu fliehen, nach New York, und feststellen müssen, dass sich meine Verletzungen nicht entfernten, sondern wie eine Hornhaut an mir hafteten. Was nicht nur an meiner Person lag, sondern auch daran, dass wir Hasenfüße im Amazonas, in der Ägäis oder im Atlas, das war doch klar, immer auf den Igel treffen würden: Der Kapitalismus war überall. Wir lebten im World Wide Web, und im Atlantis der Welt würde ich noch einen Cappuccino, eine Cola und ein Internetcafé finden. Die meisten Weltreisenden schien das sogar zu beruhigen. Wir Privilegierten hatten absolute Reisefreiheit, und überall sah das Interieur aus wie zu Hause. Auch ich würde nach einer gewissen Abstinenz das WLAN suchen.

Es mag Menschen mit radikalen Brüchen geben. Für sie sind andere Menschen wie eigene Anteile ihres Lebens gestorben. So war ich nicht, ich stand manchmal an Abgründen, aber nicht auf Abbrüche. Dafür hing ich zu sehr an Kontinuität, an Erzählungen, an Personen, an diesem Leben. Und die Wissbegier würde mich aus jedem Paradies vertreiben. Wenn es überhaupt real existieren konnte.

Ich konnte und wollte nicht fliehen, weder nach innen noch nach draußen. Zwar bewunderte ich den Mut zu radikaler Konsequenz an einigen anderen. Aber hatten sie das radikal Andere wirklich vollbracht? War es überhaupt möglich? Von dem Philosophen Theodor W. Adorno stammt der Ausspruch, es gebe kein richtiges Leben im falschen. Es könnte, wenn das große Ganze so falsch liefe, wie es mir erschien, nichts Richtiges darin geben.

Jedoch: Wenn ich aus dem Falschen nicht herauskam, sollte ich dann weiterhin Falsches tun und falsch leben?

Meine Umwelt erschien mir manches Mal als menschenfeindlich – doch ich liebte sie ja auch. Ich war geprägt durch die Fabrik am Rand meines Viertels der Welt. Es gab mir Halt. Wie meine Freunde darin.

Eine gute Freundin ist eine, die die Freiheit und den Mut hat, mir die Wahrheit zu sagen. Ingeborg Bachmann nannte dies Tapferkeit vor dem Freund. Ich finde, wir sollten sie nicht nur vor dem Freund haben, sondern gegenüber der Welt, in der wir leben. Auch wenn sie mir nicht gefällt und ich zu erwidern geneigt bin: Dann such' dir eben eine andere. Ich konnte nicht ganz raus – und ich wollte es auch nicht. Ich wollte nicht außen vor sein, ich wollte mitspielen. Und dazu gehörte für mich: dass ich wie jeder andere auch über die Spielregeln mit abstimmen können wollte. Ich wollte etwas im System ändern. Das fand ich wichtiger, als davonzulaufen. Ich hätte meine Kinder auch nicht in eine Schule gegeben, die außerhalb des Systems funktionierte. Dessen Regeln und Strukturen man aber durchschaut haben muss, um ihnen widerstehen und sie aufmischen zu können.

Damit ging es mir offenbar wie dem Glücksforscher Mihály Csíkszentmihályi, der ebenso wie ich versuchte, die großen Rätsel des Buddha zu lösen. Er schreibt: »Die

Buddhisten haben einen Spruch, der mir sehr gut gefällt und der lautet ungefähr so: Handle immer so, als würde die Erlösung des Universums von deiner Handlung abhängen. Und lache dabei immer über dich selbst, dass du glaubst, du könntest überhaupt etwas mit deinem Tun erreichen.«

Für mich gibt es das nicht, das ganz andere System. Aber ich erwartete mehr Mut zum Widerstand. Auch von mir selbst.

Und jetzt wieder in den Aktionsmodus.

RAUS AUS MEINEM VIERTEL
Milieu: Adieu Gleichförmigkeit

Einmal, auf dem von der Sonne beschienenen Pflaster unserer Welt, traf ich auf einen Freund. An uns vorbei schoben die Leute ihre Kinderwägen, in allen Richtungen gab es Bio-Eisläden, fünf in unserem Viertel, außerdem zwei Fahrradläden, sieben Kinderläden und dazwischen welche mit Dekosachen und Kaffee. In diesen vier Blocks gab es alles, was man brauchte. Der Park lag nebenan und die Stadt um uns herum und der Rest der Welt ebenso, in weiter Ferne so nah. Als wir uns einander zuwandten, blieben unsere Blicke im Spiegel der Schaufensterscheibe hängen und da lachten wir beide und er seufzte: »Aber wir haben das doch gar nicht gewollt!«

Wir schämten uns für unsere Insel der Seligen. Wir lebten in schicken Wohnungen, die unsere Eltern gekauft hatten. Und die wir uns nicht mal zur Miete hätten leisten können. Die Handwerker, die sie instand halten sollten, hatten einen höheren Stundensatz als wir selbst. Wir hassten uns ein bisschen dafür und wären gern im Erdboden versunken, wenn uns ein Fremder in diesem Viertel ertappte. Wenn wir uns in den anderen wiedersahen.

Auch wenn es sich sonst ganz angenehm lebte, sehr angenehm sogar. Aber es war uns peinlich, unser Erbe, unser Wohlergehen und unsere guten Vorsätze. Also verloren wir zusehends die Haltung. Immer öfter sah ich hinter die Fassaden. Da hockten wir, einige Zeit nachdem wir als junge Familien vom Fließband gelaufen waren, auf unseren Sofas: Mann und Frau, die Kinder im Bett, der Fernseher lief. Wir hatten das Gröbste geschafft, ein bis zwei Familien gegründet, etwas gebaut, Beziehungen bearbeitet, Berufe etabliert, uns eingerichtet. Für einige meiner Freundinnen wurde das Einrichten zur Dauerbeschäftigung. Sie strichen die Wände in wechselnden Farben, sie arrangierten die Kerzen zu Formationen, sie drapierten Läufer und Brücken. Als könnten diese Verschiebungen etwas Grundsätzliches ändern, als müssten wir Abgründe überbrücken.

Es war eine Unruhe. Im Stillstand. In unserer Festung. Zeitungen lasen die wenigsten, Nachrichten aus der großen weiten Welt wurden wahrgenommen wie Fliegen, die an Windschutzscheiben zerdetschen. Drinnen war es still. Wir kreisten um uns selbst, trafen uns zu therapeutischen Tête-à-Têtes und lebten in Maßen. Und dann kippte für mich auch dieses Bild. Ich sah hinter den Fassaden ermüdete Paare auf Sofas sitzen, sie fielen nach hinten, langsam, in Zeitlupe, endlos. Es gab keinen Knall, es war ein zeitlupenartig leises Schwinden. Wie beim Einschlafen, wenn ich abends das Buch schloss und, während die Hand vom Lichtschalter glitt, in den Schlaf fiel. Und dann, zack, kurze Zeit später aufschreckte, hellwach und: »Das soll's gewesen sein?« Ich trat einen Schritt zurück und distanzierte mich. Von diesem Stillleben. Wir lebten wie in einem Ghetto. Alle sahen gleich aus. Ich bekam keine Luft mehr.

Der Mensch neigt dazu, sich zu Seinesgleichen zu gesellen, und so kommt es zu Reihenhaussiedlungen, Chinatowns und Stadtteilen, in denen die überwiegende Zahl der Menschen einen ähnlichen Hintergrund hat: biografisch, ökonomisch, sozial, kulturell. In unserem Viertel wurde es extrem. Es war einmal besonders heruntergekommen gewesen, es hatte leerstehenden, billigen Wohnraum gegeben und da hinein waren sehr viele junge Menschen aus gutem Hause gezogen. Es entstand eine Gründerzeit: Familien wurden gegründet, Kinderläden und Hausgemeinschaften. Zwei Drittel der alten Bewohner zogen aus und weit weg. In unserem Viertel wohnten kaum noch Alte und kaum Jugendliche und keine Kassiererin. Wir waren ein homogenes Milieu aus Menschen, die irgendwas mit Medien, Recht oder Medizin machten. Unser Ghetto am Park war so ähnlich wie gleichgesinnte Großstadtviertel anderswo, über die der Reporter Peter Richter schreibt: »Das Gefährlichste, was einem heute in einem New Yorker Park widerfahren kann, ist, von der Polizei mit einer Zigarette erwischt zu werden.«

Jeder wusste, was gemeint war, wenn einer sagte: »In einer Reihenhaussiedlung am Stadtrand würde ich nicht wieder leben wollen.« Von dort waren wir gekommen, wir waren durch Vorgärtchen getobt und hatten uns als Jugendliche aus Suburbia weggesehnt. Jetzt lebten wir mitten in der Großstadt und an jeder Ecke lag ein Spielplatz. Manchmal sah ich diese Spielplätze vor mir, verlassen und versandet, wie jene in der Vorortsiedlung. Doch jetzt waren sie noch neu und voll. Wenn unter 34 Kindern ein Ali war, dann hüteten wir ihn wie einen Schatz: So besonders erschien ein Kind ferner Herkunft in unserem Viertel. Ein paar Monate hielt es ein Freund in unserem Viertel aus, er hatte in Istanbul, Washington, New York und auch in einem deutschen Vorort gelebt, und trotzdem, sagte er, habe er sich nirgends so fremd gefühlt, wie in unserem Viertel, als türkischstämmiger Single unter dreißig.

Es war schön hier, es war gut, aber es fehlte etwas. Unser Quartier wurde zu einem der teuersten Pflaster der

Stadt. Das war uns peinlich und wir wechselten die Straßenseite, wenn wir einen der smarten Makler in lachsfarbenem Hemd sahen. Sie standen breitbeinig vor eingerüsteten Häusern und schilderten jungen Paaren die Vorzüge unseres Viertels. Diese Paare hatten die gleiche Anmutung wie wir. Nur dass sie schwedisch, englisch oder koreanisch sprachen.

In der Kita schlug eine Erzieherin vor, zu Weihnachten für bedürftige Kinder zu sammeln. Es sollte aber kein Spielzeug und keine Kleidung sein. Auch wenn wir die gerne losgeworden wären. Die Hilfsorganisation bevorzugte haltbares Essen: Diese Kinder hätten Hunger, sie bekämen zu Hause oft kein Frühstück. Wir waren entsetzt und packten zwei Bollerwagen voller Cornflakes, Müsliriegel und Dosensuppen. Und brachten sie in das andere Ghetto. Es lag neben unserem. Wir waren getrennt nur durch eine vierspurige Straße. Die zu überqueren dauerte mit dem Bollerwagen 23 Sekunden.

23 Sekunden – in eine andere Welt. Kein Coffeeshop, kein Bioladen, kein Designschnickschnack. Sondern ein Nagelstudio, eine Sonnenbank, eine Expressreinigung und ein ebensolcher Bestatter. Und Häuser, in denen keiner wohnte, den wir kannten. Sondern, das lernten wir später in der Schule: »Lernmittelbefreite«. Also Eltern, die ihren Kindern keine Schulbücher kaufen konnten. Als die Schule in unserem Viertel zu klein wurde für unsere vielen Kinder, sollten einige in die des Nachbarviertels gehen. 23 Sekunden. Es gab Proteste mit leicht hysterischer Note. Bei Wahlen kam Rot-Grün durch uns auf 65 Prozent, und keiner wollte, was viele offen zugaben: »Ausgerechnet mein Kind für soziale Experimente zur Verfügung stellen.«

Auch in unserem Viertel und meinem Freundeskreis gab es übrigens Eltern mit Anspruch auf Lernmittelbefreiung. Aus Furcht vor Stigmatisierungen ließ meine alleinerziehende Freundin ihren Anspruch aber sausen und die zweimal 100 Euro für die Schulbücher ihrer Kinder von ihrer Mutter auslegen, aus deren schmaler Rente.

Nach der Essensumverteilung durch die Kita schlug ich vor, Fußballspiele zu organisieren, mit den Kindern aus unserem Viertel und denen aus dem anderen, in gemischten Mannschaften. Damit wenigstens die Kinder merkten, dass es noch eine andere Welt gab, jenseits ihres Wohlstands und außerhalb der Armut. Die Idee kam sehr gut an, die Eltern unserer Kita fanden sie toll. Nur leider hatte keiner Zeit, neben dem Job, den Kindern, dem Haushalt – und meinst du nicht, die werden neidisch, wenn sie sehen, wie wir hier leben?

Die Frau, die meinen Dreck wegmachte und den vieler Freunde in meinem Viertel, unsere Putzfrau, kam auch von der anderen Seite der Straße. Ihr war nichts Menschliches fremd. Auch Unmenschliches hatte sie am eigenen Leib erfahren. Ihre Meinungen über Menschen nahm ich sehr ernst. Auch wenn das für sie wenig änderte. Am Ende, sagte sie, sei sie doch immer die Putze. Sie kannte unser Viertel der Welt inwendig. Sie hatte nicht nur in unsere Wäsche, sondern in unsere Seelen geblickt. Und eines Tages sagte sie: »Das Schlimme ist ja, es geht euch so gut – aber ihr seid dauernd am Jammern!«

Oh, fühlte ich mich da ertappt. Auch ich litt auf hohem Niveau. Dabei war es doch absurd. Meine Lebensumstände waren so viel besser als die der meisten Menschen auf diesem Planeten. Und trotzdem. Ich klagte zwar nicht laut wie meine Kokonfreundinnen, über dämliche Arbeiten, schlechte Bezahlungen, hohe Fixkosten, schwierige Männer, anstrengende Kinder, nervende Eltern, das Altern und selbstbezogene Freundinnen. Und über die Erschöpfung, die unseren Klagen zugrunde lag. Die Erschöpfung, die entstand, weil wir uns nie sicher fühlen konnten und gut. Nein, ich biss die Zähne zusammen und rannte einfach immer weiter. Ich versuchte, alles gut zu finden. Und litt heimlich. Weil mir das Gejammer der anderen unangemessen erschien. Es war ein wenig schizoid.

Und dann schoss eines Tages, es war vor dem Unfall, nach hellwachen Nächten und am hellichten Tag, mitten auf der Straße, diese Energie in mich ein. Wie vom Blitz getroffen, von einem Deus ex Machina. Und ich richtete das diffuse Unbehagen auf das Schreckensbild der engstirnigen, begrenzten Welt um mich herum. Auf mein Viertel. Auf die anderen. Auf das kippende Sofa.

Wie konnte man, dachte ich, es so gut und dabei das Gefühl haben, doch nie gut genug zu leben? Wieso konnten wir uns nicht an diesem Leben erfreuen und stattdessen so viel Energie darauf verwenden, uns selbst zu martern? Wie konnte man so wenig von der Welt jenseits des Viertels wissen wollen? Und sich mit dem Sofa begnügen? Wie konnte man das Leben aufgeben? Es hatte etwas mit den Grenzen und den Spiegeln in unserem Viertel der Welt zu tun. Das auch nur ein Teil vom System war und für mich zu einem Sinnbild wurde: Wir wollten vom Gleichen immer mehr – und von der Welt immer weniger.

Also raus aus diesem Viertel! Einen Tritt gab mir nicht nur die fremde Beobachterin mit dem kritischen Blick, die unsere Wohnung sauber hielt. Den Kick gab mir auch der

Hexer. Oder sagen wir so: Er verabreichte mir wieder ein Bild, das mir half, meinen kippenden Zustand zu etikettieren. Der war nämlich höchst irritierend. Und betraf nicht nur mein Unbehagen gegenüber unserem Ghetto, nein, er betraf das große Ganze. Ich war auf einen Trip gekommen. Anders konnte ich, was in mich gefahren war, selbst nicht erklären. Eines Tages ging ich wieder zum Hexer und versuchte zu schildern, in welch krasses Spannungsfeld ich geraten war. Denn während ich nachts in die Leere fiel, schoss tagsüber plötzlich und immer öfter diese unbändige Energie in mich hinein. Als wäre ich gedoped.

Auf der Straße hörte ich auf einmal den Sound des Motorrads, auf dem ich mal mit siebzehn gesessen war. Meine Füße hatten kaum zum Boden gereicht, es hatte diesen tiefen Ton und wenn ich Gas gab, knatterte es unter mir, stark und warm. Es klang nach wüster Weite, wahnsinnig geil. Ich rauchte wieder. Nicht viel, aber hier und da. Was für ein wunderbarer Geruch. Nach Freiheit. Beim Gedanken an Cowboys auf Pferden bekam ich feuchte Augen.

Ehrlich, ich ging im Klischee auf, es war nicht normal! Manchmal kam ich erst im Morgengrauen nach Hause, kurz bevor meine Kinder aufwachten. Doch ich spürte, ich war noch die Gleiche, denn die blaue Stunde ertrug ich noch immer nicht, wenn der Tag begann, ohne mich. Weil ich den neuen Tag, das Hier und Jetzt, verpassen würde. Die Melancholie dieser Zwischenzeit – sie war immer noch da. Und erinnerte mich.

Und auch dieser Gedanke kam wieder hoch, mit seiner unfassbaren Wucht: »Du hast nur ein Leben – und die Welt ist so groß! Und lebt, jetzt, in diesem Moment, neben dir her! Los! Raus! Schau dir das an!«

Mein Freund schenkte mir zum Geburtstag eine Karte, darauf war ein Typ mit langem grauen Bart abgebildet, lachend hockte er auf einem Chopper und darüber stand: »Lass es krachen, Alter!« In mein Portemonnaie steckte ich das Bild der Szene, wie zwei ewige Hippies am Strand in ihren Regiestühlen sitzen; er massiert ihr augenzwinkernd die Füße. Das wollte ich auch! Ich beneidete auch den Typen aus diesem Film, der »into the wild« ging und dort sich, das Leben und die Natur spürte. Dass ein Bär dem wilden Leben ein brutales Ende bereitete, notierte ich als Kollateralschaden.

Als ich dem Hexer zu beschreiben versuchte, in welchem Energiefeld zwischen Todesangst und Lebenslust ich mich befand, lachte er auf und rief: Sie sind ja wie ein Mann – in der Midlife-Crisis! Zuerst war ich empört. Dass er so konservativ dachte. Durfte ich mich nicht wie ein Mann verhalten? Das tat ich doch dauernd. Ich stand meine Frau und meinen Mann, ich spielte alle Rollen; die der berufstätigen Einkommensbeschafferin, die der Mutter, die der Freundin und die des Heimhandwerkers gab ich auch.

Da wollte ich keinesfalls auf den Easy Rider verzichten. Mir gefiel dieses Gefühl. Es war ein Aufbruch. Und ich war immer öfter so drauf, dass ich es als höchst verräterisch empfand, dass sich alle Welt über diesen Wendepunkt lustig machte. Egal ob Mann oder Frau. Es erschien mir reaktionär, nein: kontrarevolutionär. Denn diese Energie des Aufbruchs – das war doch ein Zündfunke. Zur Veränderung. Das war doch die Rettung, ganz elementar.

Dem Evolutionsbiologen David Bainbridge gelangen die richtige Einschätzung und Ehrenrettung von uns Menschen zwischen vierzig und sechzig. Er bezeichnet uns als

Middle-Ager und behauptet, in seinem Mittel-Alter sei der Mensch dermaßen ausbalanciert zwischen Schöpfung und Zerstörung, Gefühl und Verstand, dass ich mich glücklich schätzen könne, endlich am »kognitiven Höhepunkt im Leben des intelligentesten Lebewesens im uns bekannten Universum« angelangt zu sein. Er hielt den abwertenden Touch der »Midlife-Crisis« für eine Erfindung von Leuten, die sich über Männer mittleren Alters lustig machen wollten. Und von Frauen, muss ich hinzufügen.

Wenn es ihn nicht gäbe, diesen Aufbruch mitten im Leben, dann: hätte ich ihn erfunden. Ich wollte ernst machen und ernst genommen werden, sogar als Frau. Für Frauen gab es diese Glückwunschkarte »Lass es krachen, Alte!« noch nicht, doch ich reklamierte das Recht auf eine Midlife-Krise jetzt vollumfänglich für mich. Indem ich sie umbenannte, wie man das als Kulturrevolutionärin mit Werten so macht. Denn Krisis bedeutet eigentlich Meinung, Beurteilung, Entscheidung. Man steht an einem Wendepunkt. Man beurteilt das Gleiche plötzlich anders. Man verändert sich. Es war eine Transformation. Die sollte nicht belächelt oder mittendrin abgebrochen werden. Denn Leben ist Bewegung, es ist Veränderung, ist Vielfalt. Und natürlich ist auch diese Krise ein Chance: Du kannst noch mal was wuppen im Leben. Und mit gutem Beispiel vorangehen.

So wie der schnauzbärtige Brillenverkäufer aus Fürstenfeldbruck, den ich mal, da war ich jung, auf seiner Midlife-Reise begleiten durfte. Per Inserat am Schwarzen Brett der Uni hatte er eine »Assistentin« gesucht. 25 Jahre hatte er im Laden gestanden, jetzt wollte er los und den Wilden Westen erobern. Von Amerika hatte er dieses Bild im Kopf und da wollte er hin und die Brillen verkaufen, die er in seinem Hobbykeller mit Airbrush verziert hatte, mit den Flaggen aller Bundesstaaten. Wahnsinnig hässlich. Aber er war abenteuerlustig. Die Reise endete nach zwei Tagen, auf ihrer ersten Station in New York. Das war nicht der Wilde Westen, das war eine Moderne, die die Selfmade-Brillen des Lonesome Cowboy eiskalt abschmetterte. Aber der Mann hatte was gewagt. Und nicht nur für sich allein. Auch bei mir hingen alle mit drin. Auch die anderen konnten die Krise bekommen. Wegen mir. Der Mann an meiner Seite, meine Familie, meine Freundinnen, alle!

Typisch für das Mittel-Alter ist auch die Plötzlichkeit von Veränderungen. Plötzlich wird die Haut trocken, plötzlich sieht man schlechter, plötzlich war ich mittel-alt – und in einer krachenden Phase zwischen Panik und Überschwang. Und wusste nicht, wo und wann sie enden würde. Oder sollte.

Wann genau, wollte der Hexer wissen, war die Todesangst gekommen? Ich überlegte. Es war nicht der Augenblick, als ich unsere etablierten Plumeaus kippen sah. Es hatte viel früher begonnen. Als ich Mutter geworden war. Da war mir plötzlich der Gedanke gekommen, dass mein Leben endlich war. Bis dahin hatte ich in dem Glauben gelebt: »Du hast noch so viel Zeit.« Freunde, die mit dem Älterwerden nicht klar kamen und an ihren Geburtstagen Trauer trugen, hatte ich ausgelacht. Weil ich sie nicht verstand, »Wir sind doch noch jung!«, hatte ich gesagt. Doch plötzlich schien mein Leben nicht mehr vor mir zu liegen. Sondern hinter mir. Es war eine schlagartige Erkenntnis. Als hätte ich mich plötzlich umgedreht, zum ersten Mal. Da war ich zutiefst erschrocken.

Was hatte das mit den Kindern zu tun? Meine Freundin meinte, man bekomme Angst vor dem eigenen Tod, weil einen die Kinder bräuchten. Ich aber dachte, jetzt, da ich Leben geschaffen hatte, wurde mir auch dessen Ende bewusst. Und dann überwältigte mich, meine Kinder waren noch sehr klein, in Rom eine Traurigkeit. Anfang Dezember hingen in Rom Mandarinen an den Bäumen, beim Mopedfahren blies der Wind durch die Haare und ich konnte tun, was ich wollte. Ich fühlte mich frei. Wie früher, als ich noch ungebunden gewesen war, ungeteilt und nicht eingeviertelt. Ich dachte: Diese Freiheit ist mein eigentlicher Aggregatzustand. Als ich nach Hause kam und meine Kinder in die Arme schloss, weinte ich. Aus Scham. Und über den Verlust meines alten Ichs, in meinem ersten Leben. Diese Vergangenheit glaubte ich abschließen zu können, oder zu müssen.

Vermutlich war das der Moment, als ich mich abwandte. Mich umdrehte. Und mir das Leben plötzlich nur noch halb so lang erschien. Ich versuchte die Angst zu überhören, und sie wurde leiser. Es war nicht mehr die Angst vor dem Ende. Es wurde eine vor dem Stillstand. Stillstand bedeutete: Das Leben war jetzt halb rum. Das Wesentliche ist getan. Und so geht das jetzt immer weiter. 40 Jahre noch. In langer Weile.

Also musste ich jetzt endlich ernst machen. Immer hatte ich mich treiben lassen. Genommen, was kam. Und selten Nein gesagt. Und kaum was gewagt. Ich beobachtete meine Freunde: Die meisten schienen sich damit zu arrangieren. Sie lenkten ihre Restenergien nach innen, in die Beziehungen, auf die Kinder und sich selbst, ins Eigenheim. Da fanden sie immer noch etwas zu verbessern. Da gab es immer noch ein Mehr. Noch einen Kurs, noch eine Therapie, noch ein Retreat, ein neues Sofa und noch eine Datsche auf dem Land und dann noch mal das Gleiche von vorn.

Einige brachen aus den Bezügen aus, mit erschrecken-
dem Furor. Sie zerstörten ihre Beziehungen und Familien
und glaubten, es ändere sich alles, wenn man von Neuem
begänne. Neuer Partner, neues Kind, neues Heim. Und
wunderten sich, dass sich das meiste wiederholte.

Das alles wollte ich nicht: Den Stillstand nicht. Das Ende
nicht. Und die Wiederholung nicht. Also lag ich allabendlich
vor dem Einschlafen im Bett und fühlte mich gelähmt, wie
lebendig begraben. Es war genau genommen keine Angst
vor dem Tod. Es war die Angst vor einem Verlust an Leben.
Doch parallel zu dieser Angst wuchs ihr Gegengift, der Evo-
lutionsbiologe hielte sie vermutlich für einen Überlebens-
instinkt. In mir enstand eine Kraft, wie ich sie so zuvor nicht
gekannt hatte. Die Evolutionsbiologie erklärte sie mir so: Ich
wollte Kinder wegen der Arterhaltung, doch damit hatte ich
beileibe nicht meine Pflicht getan. Die Pflicht der Mittel-Alten sei es nämlich, ihr Wissen, ihre Erfahrung und ihre Pfle-
ge an die Nachkommen weiterzugeben. Dafür sei dieses einzigartig lange, mittlere Alter des Menschen da. Der über ein
einzigartig großes Gehirn verfügt. Das Informationen von
außen braucht, weil seine Gene allein den Menschen nicht,
wie andere Lebewesen, zum Überleben befähigen.

Mein halbes Leben lag demnach noch vor mir, damit ich
das Hirn meiner Nachkommen mit Kultur und Menschlichkeit vollstopfen konnte. Aufgrund ihrer Erfahrung und
ihrer Reife galten die Middle-Ager in der gesamten Mensch-
heitsgeschichte als so weise: Sie üben die Macht nicht nur
über sich selbst, sondern über die ganze Gesellschaft aus.

Menschlichkeit und Kultur vermitteln. Was wichtig ist
im Leben und wonach es doch nicht zu streben gelten
konnte: Leistung, Gewinn, Haus und Auto und Angst und

Mutlosigkeit. Nein, wie du in Schwingung kommst, mein Sohn, darum geht es! In diesen Zustand bauchiger Freude gerätst, wie du auf die Welt zugehst, zuhörst, mitfühlst, wie du offen bleibst, im Herzen und im Hirn, wie du liebst. Ja, wie das gelingen kann, offen zu bleiben! Was für eine schöne Idee. Ich nahm mir vor, sie umzusetzen – und zwar, indem ich vorbildlich voranschritt.

Also änderte ich meinen Kurs. Als hätte ich mein halbes Leben in einem Boot gesessen, in dem ich vor der Küste herum geschippert war. Und ruderte nun aufs offene Meer hinaus. Da wollte ich hin, unbedingt, egal, was käme. Ich ließ mich einfach nicht mehr treiben. Der Trick dabei war, dass ich nicht Nein sagte zum ersten Teil. Sondern Ja zum nächsten, zu dem, was auf dem offenen Meer kommen würde. Ich wollte Offenheit und nicht Rückzug. Ich dachte an Vorbilder: Die Frauen und Männer, die sich im Älterwerden nicht zur Ruhe setzten, sondern neugierig, unvoreingenommen und tolerant blieben. Open minds, freie Geister. Wo waren die?

»Die Frau lebt ja eher in dem Gefühl,« las ich bei dem Biologen, »als würde die Welt ihr passieren – und nicht etwa umgekehrt sie der Welt.« Im wunderbaren mittleren Alter aber ändere sich das. Denn dies sei die Lebensphase, in der der Mensch besonders viel Kontrolle habe über sein eigenes Leben und über das der anderen. Kontrolle nicht im Sinne von Überwachung, sondern zum Zwecke von Freiheit und Unabhängigkeit. Psychologen sagen, dass diese Kontrolle und das Wohlbefinden in engem Zusammenhang stehen: Je selbstbestimmter ich leben kann, desto wohler fühle ich mich.

Ich wollte mich lösen. Es war Zeit. Und proklamierte

den müde belächelten Aus- und Aufbruch als geradezu gesellschaftlich verpflichtende Herausforderung zur Veränderung der Dinge. Es begann mit kleinen Sachen. Mein Alltag veränderte sich. Ein Glas Champagner. Eine fette Schicht Pastete aufs Brot. Lass mal an deiner Zigarette ziehen! Komm, wir fahren los, in die Sonne, ans Meer und dann weiter – in die Welt.

»Es ist«, sagte ich zum Hexer, »eine Gier, wie ein Gorilla bäumt sie sich auf, trommelt sich auf die Brust und brüllt: Ich will mehr! Aber nicht an Innenausstattung – sondern erleben!« – Der Hexer duckte sich in seinen Sessel. Ich sagte: »Eine Krise ist für die Umwelt leichter zu ertragen, wenn man den Patienten für verrückt erklärt.« Er sah mich an, als hätte ich die Welt auf den Kopf gestellt – die er fein säuberlich in Mann und Frau getrennt hatte, in lächerliche Typen, die sich mitten im Alter in pubertierende Jungs verwandelten, und in Frauen, die auf dem Viertel ihres Sofas blieben. Schließlich bat ich ihn, er möge mir einfach noch mehr von dem Gorillagefühl geben. Das sich da aufbäumte, vielleicht zum letzten Mal vor meinem Ableben? Da drückte er mir zwei Globuli in die Hand, bestimmt war es Testosteron.

Möglicherweise war das jetzt alles zu enthusiastisch und ironisch erzählt. Doch mittlerweile schätze ich die Rolle des Hofnarren und eine Mixtur aus Easy Rider und Minnie Mouse ist kaum zu toppen. Emotionen von naiven Frauen und harten Kerlen lassen sich viel besser verkaufen als kühle Ratio. Und ich meinte es tatsächlich ernst! Mir war ab diesem Zeitpunkt klar, wenn ich diese Kraft nicht raus ließe und dies und jenes jetzt nicht täte, würde ich krank und sterben. Ob körperlich, allmählich oder emotional. Davon war ich absolut überzeugt.

So sagte ich es dem Mann an meiner Seite. Eines Tages am Frühstückstisch. Ich wusste nicht, ob er es mir nachsehen würde. Ich wusste nur, es war alternativlos. Und so stimmte ich sogar eine uralte Weise an, die ich als Kind mal aufgeschnappt und nicht begriffen hatte, jetzt aber: »Wer sich nicht in Gefahr begibt«, sang Wolf Biermann auf der orangeroten Kassette meiner Eltern, »der kommt drin um.« Genau das empfand ich jetzt. Und mein Freund, ein sehr kluger Mensch, verstand sofort, was ich wollte. Es gab nur diesen einen Weg für mich: Raus aus der Erstarrung. Einfrieren wollte ich nicht, Kämpfen erschien mir als Maus aussichtslos – also ergriff ich die Flucht nach vorn.

Es war der Mut der Verzweiflung. Je größer die Verzweiflung wurde, desto größer wurde die Sehnsucht. Und nur, wenn die Sehnsucht größer ist als alles andere, dann entsteht das, was alle um mich herum als Mut bezeichneten – das hatte mir mal der Hexer erklärt. Obwohl ich es selbst nicht als mutig empfand. Sondern als notwendig. Und ganz normal. Ich hatte überhaupt keine Angst. Nur vor dem Einschlafen, nicht vor meinen Taten. Ein seltener Zustand in einer »Gesellschaft der Angst«, wie der Soziologe Heinz Bude die unsere nennt.

Und so entstand in mir ganz allmählich, was mich an dem Missionar, dem Anarchisten und dem Spinner noch leicht befremdet hatte: ein unglaublicher Drang nach bezaubernder Freiheit. Um diesem nachzugehen, hielt ich mich an die Technik des Soziologen Harald Welzer, der sagt: »Das gelingt tatsächlich nur praktisch, nie appellativ. Nie, indem diejenigen, die Teil des Falschen sind, anderen mitteilen, was jetzt gut zu tun wäre. Anders gesagt: Es gelingt nur durch praktiziertes Nichteinverstandensein. Durch Widerstand unterschiedlichster Art. Widerstand gegen sich selbst und gegen die Scheinattraktivität des weiteren Aufenthalts in der Komfortzone.« Ich begann, das Nichteinverstandensein zu praktizieren. In allen möglichen Situationen und Spielfeldern meines Alltags. Ich begann, eine Haltung anzunehmen. Aus einem Widerstand heraus. Aber gezündet von Sehnsucht, vom »Ich will!«. Ich will widerstehen und eigen sein und verrückt, ich will tanzen, singen und lachen, ich will nicht dauernd haben wollen, ich will Verbotenes tun und Ungesundes, ich will an nichts Wichtigem sparen, ich will meine Kinder sein lassen, ich will keine Familie wie aus der Rama-Werbung, ich will raus und offen sein und trotzdem verbindlich, ich will Geheimnisse, ich will das Fremde, ich will Freiheit und ich will für andere da sein und durch all das sinnlich und sinnvoll und mit Wumms leben.

Und so setzte ich mich in die U-Bahn und fuhr ans andere Ende der Welt, in ein anderes Ghetto. Es war eine halbe Stunde entfernt von unserem. Da, wo einige der früheren Viertelbewohner hingezogen waren, die sich nun die Mieten nicht mehr leisten konnten bei uns. Dort lebten unsere Gegenteile: nicht gebildet, nicht friedlich, nicht durch die Herkunft begünstigt. Sondern wütend, arm und ungesund. Und voller Verfehlungen, gegen die der amerikanische Anpassungstrainer Roy Baumeister sein Mittel kennt: Disziplin! Ihrer Disziplinlosigkeit nämlich seien geschuldet, und ich muss das hier zitieren, weil es mich so aufregt: »zwanghafter Konsum, Verschuldung, Gewalt, schlechte schulische

Leistungen, mangelnde Produktivität am Arbeitsplatz, Alkohol- und Drogenmissbrauch, ungesunde Ernährung, mangelnde sportliche Betätigung, chronische Angst, Jähzorn und so weiter und so fort.« Gegenpart dieser Menschen waren also scheinbar wir. Wir hier oben, die da unten. Ghettos wurden zu Metaphern und zwischen dem Unterschichten-Fernseher und dem Bionade-Biedermeier gab es ein ideales Distinktions-Merkmal: Wir hier oben hatten uns im Griff. Die da unten ließen sich gehen und kamen nie mehr hoch, selbst schuld.

Warum ich da hin ging? Weil ich raus wollte aus meiner selbstgefälligen Welt, weil es mir mein Beruf erlaubte und weil ich wusste: Nur durch Nähe wirst du zum Menschen. Nicht durch Distanz. Die kann verderben, kalt machen und töten. Ich traf mich, durch die Vermittlung eines Anti-Aggressions-Trainers, mit Menschen, die andere fast tot geschlagen hatten, mehrere Male, die selbst geschlagen worden waren, um die sich keiner gekümmert hatte. Die am Ende waren, bevor ihr Leben anfing. Mit fünf, zwölf oder achtzehn.

Einer von ihnen war mit elf von zu Hause geflohen, auf die Straße. Seine ganze Kindheit lang habe er jeden Tag am Fenster gestanden und darauf gewartet, dass sein Vater zurückkehre von der Arbeit. Sobald er ihn kommen sah, versteckte er sich. Vor den Aggressionen seines Erziehungsberechtigten. Körperliche Schmerzen, erzählte er, könne man ertragen. Aber die seelischen nicht. Auf der Straße habe er keine Angst mehr gehabt und sich gefühlt wie »ein eigener Mensch«, sagte der junge Mann. Doch wenn ihn die Leute so anguckten, er in ihren Blicken seine Minderwertigkeit sah, dann fing es in seinem Bauch an zu brodeln, so eine Wut sei da. Und dann schlug er um sich und zu, wegen Lappalien, bis das Blut spritzte. Jetzt, im Nachhinein, frage er sich: Warum bringen mich Kleinigkeiten zu so einer Explosion? Am Ende des Gesprächs sagte er, es habe ihm noch nie zuvor jemand zugehört. Er war dreiundzwanzig Jahre alt, als sich zum ersten Mal jemand für ihn interessierte. Es war der Therapeut, der ihn am Gefängnistor empfangen hatte, und der nannte sich Coach, weil das sportlicher klang. Ohne ihn hätten sich die Männer und Frauen nicht geöffnet, nicht mir und vermutlich nicht dem langen Rest ihres Lebens.

An dieser Stelle kommen wir, und werden es nun öfter tun, zum Großen im Kleinen. Im Kleinen steckt Großes. Wahnsinnige Wut, wie die des jungen Mannes – aber eben auch das Gute. Es ist leider viel einfacher, das Falsche zu erklären als das Gute. Denn das Gute – manchmal ist es Glück –, es ist in seinem Wesen so evident und doch unbegreiflich flirrend. Es ist weg oder da, plötzlich, und dann so ergreifend, dass man es sofort spüren kann. Aber kaum erklären, warum. Man kann es predigen und in Schlagworte packen und es gleitet doch andauernd ab. Es steckt in den kleinen Dingen. Die so schlicht und alltäglich wirken, dass sie uns wie Banalitäten erscheinen. Kaum der Rede wert. Lächerlich. Kitschig. Vom Glück zu erzählen, das ist viel langweiliger – als vom Unglück. Und wenn man viel darüber nachgedacht hat, über die kleinen Dinge und das Gute, ist es einem fast peinlich. Hinter schlauen Gedankengängen kann man sich prima verstecken. Die Banalität des Guten – sie macht einen verletzlich.

»Wenn ich tanze, tanze ich, und wenn ich schlafe, schlafe ich«, hat Michel de Montaigne tautologisch geschrieben. Es weist nichts über mich hinaus, wenn ich tanze, schlafe, singe oder lache. Das ist ein Evidenzmoment, ein Augenblick der Achtsamkeit. Den empfinde ich mit Hirn, Haut und Haaren, intellektuell und körperlich: alles ist eins. Für mich sind dies die Augenblicke, die das Leben gut machen. Manche nennen sie »authentisch« und meinen, das Leben sei gut, wenn es »echt« sei. Aber: Was ist unecht? Und wer bestimmt, was echt und was unecht ist?

Motivationsforscher nennen den Zustand, wenn mein Anliegen und mein Handeln übereinstimmen, Kongruenz. Sie ist das Gegenstück zur kognitiven Dissonanz. Für mich sind dies die stimmigen Augenblicke.

Nach solchen stimmigen Momenten begann ich nun zu suchen. Weil ich jetzt, im mittleren Alter mit dem heißen Motor unterm Hintern, plötzlich ziemlich genau wusste, was ich wollte. Und es in Übereinstimmung bringen wollte mit meinem Verhalten: Das Leben fühlt sich gut an, wenn ich am Tag danach in den Spiegel schauen kann und was ich sehe als stimmig empfinde. Und am besten fühlt es sich an, wenn ich den Spiegel dafür nicht mal brauche. Für mich lag ein solcher Moment im Blick des unerhörten jungen Mannes. Nachdem er ihn die ganze Zeit niedergeschlagen hielt, unsicher, beschämt. Und mir dann endlich in die Augen sah, zum Abschied, direkt und offen. Wir gaben uns die Hand, sprachen kein Wort, doch es war ein fester Händedruck und dieser eine aufrechte Blick, der standhält.

Als ich nach Hause kam, in mein Viertel dieser Welt, fühlte ich mich gut. Nicht, weil ich zugehört hatte. Nicht nur, weil mir Aug in Aug vorgeführt worden war, wie unverhältnismäßig die Sorgen in meinem schönen Ghetto waren, im Vergleich zum Ghetto mit Gewalt. Wir hier lachten über Sätze wie die des Neurologen Steven Petersen, auf den mich mal ein erfahrener Vater hinwies: »Ziehen Sie Ihr Kind nicht in einem Schrank auf, lassen Sie es nicht verhungern, und schlagen Sie es nicht mit einer Bratpfanne auf den Kopf.« Woanders war das Realität. Und wir machten uns trotzdem Sorgen, etwas falsch zu machen.

Ich fühlte mich gut, weil ich mir keine dämlichen Sorgen mehr machen wollte. Weil ich die Tür öffnen wollte, und das Fenster, zur Seele. Ich nahm den Blick mit, den Blick des jungen Mannes, mit leicht eingezogenen Schultern, verletzlich, Vertrauen suchend – und, ganz vorsichtig, die Weite, das Außen, das Gegenüber. Ich wollte mich beobachtet fühlen von diesem Blick. Ich wollte ihm standhalten können.

Man kann es Empathie nennen und sozial leben und ich kann sagen: Ich will unbedingt mehr davon! Ich will die Dinge um mich herum und jenseits von mir sehen und ins rechte Verhältnis rücken. Ich will auf Menschen zugehen, aus anderen Ghettos, anderen Ländern, Kulturen und Welten. Ich will verstehen, wie sie fühlen und denken, ich will von ihnen lernen. Ich will sehen, ob es auch anders geht. Ich will Durchlässigkeit und Offenheit und Inspiration. Ich will fragen und suchen und nicht Nein sagen zu Dingen, die ich nicht kenne. Ich will mich berühren lassen und ich will berühren. Ich will Versuchungen – außerhalb meiner Beziehung, außerhalb meiner Familie, meines Viertels, meines Horizonts, und ich will raus aus meiner Haut.

RAUS AUS DER BEZIEHUNGSKISTE

Liebesbeziehung: Beste Freunde unter einem Dach

Als mein kleiner Sohn nach dem Unfall auf der Intensivstation lag, lief ich in den Wald, jeden Tag mit der gleichen Musik im Ohr, die Bäume waren kahl, ihre Stämme schwarz und die Erde feucht. Die Seelsorgerin hatte gesagt, ich solle laufen gehen, so lange mein Kind im künstlichen Koma liegt. Ich müsse Kraft sammeln und dürfe mich selbst nicht vergessen. Ich kam aufs offene Feld, der Wind wehte, ich lief schneller und malte mir aus, im Wald könnte der Mann stehen, nach dem ich mich sehnte, und mich bergen.

Ich war verliebt. Diese Verbindung war mein Bypass zum Leben.

Die Schwestern im Krankenhaus sagten, wir seien eine starke Familie. Sie spürten, wie wir für einander da waren. Das empfand ich genauso.

Der Mann an meiner Seite, mit unserem großen Sohn bei den Großeltern, wusste da noch nichts von meiner Affäre. Aber er ahnte es. Einige Monate später, als wir alle in den Alltag zurückzukehren versuchten – und es kann dauern, viele Monate und Jahre, bis man die Gefühle zulassen kann, die der Schock dämpfte –, sagte ich es ihm. Dass ich bleiben wollte und beides haben. Ihn und den Anderen. Meine Familie und die Freiheit. Das Viertel und die Ferne. Den Halt und die Veränderung.

Wir trennten uns nicht, wie so viele andere um uns herum. Wir wollten es anders machen.

Es wird in diesem Beziehungskapitel ziemlich intim. Das liegt in der Natur der Sache. Eigentlich, denken viele, geht das draußen keinen was an. Ich will mich dennoch outen. Weil ich an mir selbst beobachtet habe, dass ich, wenn ich mich unwohl fühle in meinem Status quo, nach Menschen fahnde, die anders leben. Sie sind für mich wie Strohhalme. Nicht Vorbilder. Sondern Hinweise auf die Möglichkeit von Alternativen. Sie zeigen mir: Wir können auch anders.

Es war an einem Morgen kurz nach acht, unsere Kinder waren gerade zur Schule gegangen. Am Abend zuvor hatte mein bester Freund gesagt, ich müsste es dem Mann an meiner Seite sagen. Mein bester Freund war schwul und lebte in offenen, aber nicht minder liebevollen Beziehungen. Das hatte mich beeindruckt. Weil er Konventionen hinterfragte. Und auf Liebe und Treue hin abklopfte. Wobei wir beide – und auch der Mann an meiner Seite – unter Treue etwas anderes verstanden als: Man darf nicht mit jemand anderem Sex haben, oder mehr. Treue empfinde ich gegenüber einem Menschen, weil ich ihn mag und daher versuche, ihn zu verstehen und nicht zu verurteilen oder gar fallen zu lassen. Treue hat sehr viel mit Freiheit zu tun.

Ich wollte dem Mann an meiner Seite sagen, dass mir der andere Mann wichtig geworden war. Obwohl das gegen unsere Abmachung war. Nicht die Affäre – sondern das Geständnis. Wir waren uns immer einig gewesen, dass so etwas vorkommen konnte, wenn man das Leben miteinander verbringen wollte. Da es immer länger wurde, könnten wir miteinander fünfzig Jahre haben. Doch waren wir uns auch einig gewesen, dass man den anderen nicht verletzen sollte – solange sich am Gefühl zur Beziehung nichts änderte.

Doch ich hielt es nur noch schlecht aus. Weil ich das, was mich so beschäftigte, nicht mit dem Mann an meiner Seite – meinem Freund – teilen konnte. So wie wir das seit 15 Jahren getan hatten. Geheiratet hatten wir nie, ich konnte mit Heiraten nichts anfangen. Ich wollte mir nicht von einer fremden Person – einer Standesbeamtin, einem Pfarrer oder dem lieben Gott – sagen lassen, wie man eine Beziehung zu führen habe. Und ich wollte nichts geloben, an dessen Möglichkeit des Gelingens ich stark zweifelte: ewige Haltbarkeit. Ich wollte das Leben auf mich zukommen lassen und was Gutes daraus machen. Obwohl ich die Idee mochte, dass ein gemeinsamer Entschluss bindet. Ich hatte mich, als ich den Mann für meine Seite kennenlernte, bewusst dazu entschieden, die rosarote Brille aufzusetzen.

Ich glaubte immer noch an unsere Geschichte und an das, was der Mann an meiner Seite repräsentierte. Er war immer noch mein Freund. Das klingt ein bisschen pubertär, aber es stimmte: Wir waren einander sehr gute Freunde. Auch weil wir gut miteinander reden konnten, offen, vorbehaltlos, rücksichtsvoll und einfühlsam. Ein Fachmann hätte unsere Kommunikation vielleicht »gewaltfrei« genannt. Ohne die hätte es nie geklappt.

Es hätte das Ende sein können, an diesem Morgen, als ich in einem Atemzug sagte: »Ich habe mich verliebt – ich will mich aber nicht von dir trennen.« Ich wollte beides: den Menschen, mit dem ich Kinder, Heim, Beruf und Weltbild teilte; und den Menschen, der mir eine andere Welt erschloss, Abenteuer, Fremde und etwas, das ich lang nicht so genossen hatte: Sinnlichkeit, Unordnung.

Ich wollte, nachdem wir zusammen eine Familie gegründet hatten, dass wir uns jetzt beide weiterentwickelten, mein Freund und ich. Ich wollte keinen Stillstand, sondern ein reiches, offenes Leben, mit Familie und Freiheit und Inspirationen – für alle. Ich mochte keine widerwilligen Abhängigkeiten, ich wollte möglichst freie Entscheidungen. Wie die für den Mann an meiner Seite. Damals, heute und morgen möglicherweise auch.

Manche leben jahrelang nebeneinander her, in einer ehelichen Wohngemeinschaft. Ohne jemals zu sagen, was ist. Aus Angst vor Verlust, nicht nur des Partners, sondern auch der Kinder, des gemeinsamen Hauses, der finanziellen Existenzgrundlage. Und manchmal kam es zur Trennung. Auch in unserem Viertel tickten die Uhren, trennte sich laut Statistik jedes dritte Paar, und 13 Jahre hielt eine Ehe im Schnitt. Unsere Kinder ermahnten uns häufig, mit Angst in den Augen, wenn wir über die Eltern ihrer Freunde sprachen: »Ihr trennt euch aber nicht, ja!?«

Die beiden Ehen, deren Trauung ich offiziell bezeugt hatte, wurden nach kurzer Zeit geschieden. Fortan wollte ich nicht mehr Trauzeugin sein, ich war nicht von Eheschließungen zu überzeugen. Bei der dritten Anfrage stellte ich mich als Master of Ceremony zur Verfügung. Früher war ich auf Partys DJane gewesen, jetzt kam mir die augenzwinkernde Entlehnung aus dem Hip-Hop gelegen. Aber meine Freunde trennten sich schon vor der Trauung ohne meine Unterstützung.

Im Hochzeitsbild verdichten sich extreme Sehnsüchte. Hier ein paar Schnappschüsse.

Die erste Hochzeit begann auf dem Standesamt. Mit meiner Freundin und dem Mann, von dem sie sich ab sofort ewige Treue erhoffte, saß ich am Tisch des Beamten. Ich war auch stolz. Dass ausgerechnet ich hier mit ihnen sein durfte. Der Mann zog aus seiner Jacketttasche einen Füller mit goldener Mine, schraubte ihn auf, und während er seine Unterschrift auf das Papier malte, dachte ich: Meine Aufgabe als Trauzeugin ist es nun, den beiden zur Seite zu stehen, wenn sie in ihrer Beziehung ins Straucheln geraten. Ich sah den Mann an. Er wirkte zielstrebig, zufrieden und gefasst. Anders als meine Freundin, sie war aufgelöst. Am Vortag, vor dem Spiegel, im Kleid, hatte sie gesagt: »Ich sollte es sein lassen.« Ich hatte es auf ihre Selbstüberforderung geschoben. Ich würde für sie da sein. Aber würde auch der Mann meine Hilfe beanspruchen wollen? Er hatte keinen Trauzeugen. Er vertraute auf mich. Oder nahm er das Ganze auch nicht so ernst?

Die Kirche, in die es anschließend ging, lag in einem alternativen Bezirk der Stadt. Der Pfarrer war schwul. Meine Freunde glaubten, darin einen Kompromiss gefunden zu haben: Sie wünschte sich das ganz große Tamtam, mit Orgel und Kirche, aber beide gingen sonst nie in die Kirche und ihm hätte das Standesamt gereicht. Mich irritierte das wie ein Vexierbild: Meint sie es doch ernst, traut sich nicht, es zuzugeben, und behauptet sich dann in der oszillierenden Ironie?

Meine Freundin hatte mich vorher gebeten, einen Psalm zu lesen bei der Trauung. Ich musste erst mal nachschlagen, wozu man das tat. Dann holte ich die Bibel aus dem Regal und blätterte darin herum. Ja, da standen schöne Allegorien drin, archaisch, tief, groß. Aber so religiös. Ich rief meine Freundin an:

»Es ehrt mich ja, dass ich das vortragen soll. Aber muss es ein Psalm sein?«

»So schwer kann das doch nicht sein!«

»Aber ich hab' doch überhaupt nichts mit Kirche am Hut, ich glaub' ja nicht mal an Gott!«

»Macht doch nichts, in Psalmen stehen wahre Dinge.«

»Mir ist das peinlich.«

»Zier dich nicht so, du gehst einfach hoch und liest das vor.«

»Auf die Kanzel?«

»Zum Altar.«

»Mir ist das unangenehm gegenüber den Gläubigen, wenn ausgerechnet ich da was verkünde. Wo ich aufgewachsen bin, dachten sie, ich wär' des Teufels, ich bin nicht mal getauft!«

»Dann lies halt ein Gedicht vor, das du magst.«

Ich legte auf und grämte mich. Meiner Freundin war es wichtig und ich schlug ihr einen Wunsch aus. Aber ein Gedicht ging in Ordnung. Ich schätze Gedichte sehr. Und wusste auch gleich, welches ich nehmen würde. Mein Lieblings-Liebesgedicht: »Die Liebenden« von Bert Brecht. »Seht jene Kraniche in großem Bogen!« Ich las es durch. Der Schluss würde ihr vielleicht nicht gefallen: »Und wann werden sie sich trennen? – Bald.« Aber das Gedicht war so wahr. Es sang von der Liebe und von der Freiheit, und es nagelte die Liebenden nicht fest. Ein würdiger Psalm, er entsprach meinen Vorstellungen.

Die Hochzeitsgesellschaft versammelte sich vor der Kirche. Das Portal ging auf, es war eine hübsche Kirche, vorn auf dem Altar standen weiße Lilien und ein mannshoher Kandelaber brannte. Doch als sich alle gesetzt hatten, klaffte zwischen uns Gästen und dem Altar, zu dem das Paar bald schreiten würde: Leere. Alle hatten sich in die hinteren

Reihen platziert. Ich nahm meinen Freund und mein Kind an der Hand und zog sie weit nach vorn. Wir konnten das Paar doch nicht so allein lassen.

Die Musik setzte ein und die beiden schritten Arm in Arm über den roten Teppich. Er lächelte. Sie sah für mich aus, als würde sie jeden Augenblick in ihrem zu großen Kleid zusammensacken wie unter einem Zelt. Der Moment war zu groß. Es war der Moment. Der Moment, auf den die Frau ihr Leben lang hinfiebert. Sogar meine Freundin. Und nicht nur diese.

Ich war froh, ihn an ihrer Seite zu sehen. Er stützte sie. Sonst hätte ich es getan. Als sie den Pfarrer sah, ein sympathischer junger Mann, schien ihr das Kraft zu geben. Dann sprach der Pfarrer. Ich schaute auf die flackernden Kerzen, auf das ergriffene Gesicht meiner Freunde, als sie sich die Ringe überstreiften, und auf das Licht, das durch die bunten Fenster fiel. Die Leute auf den hinteren Plätzen waren mucksmäuschenstill. Ein Wunder, denn es waren viele kleine Kinder da. Mein Liebesgedicht las ich nicht, meiner Freundin hatte es nicht behagt. Am Ende sagte der Pfarrer: »Bitte erheben Sie sich«, wir erhoben uns und er sagte: »Amen«.

Am Abend auf das Fest kam auch der sympathische junge Pfarrer. Es schien ihn überhaupt nicht zu stören, dass er in langem Talar unter all den Partygästen stand. Und dann hörte ich, wie er sagte: Wir hätten ja als Hochzeitsgesellschaft komplett versagt – kein Einziger von uns sei in irgendeiner Weise auf die Liturgie eingegangen. Welche Liturgie? Ich fragte meinen Freund. Er zuckte mit den Schultern. Ich ging zu meiner Freundin. Jetzt strahlte sie. »Was haben wir denn falsch gemacht?« Sie lachte. Wir hätten halt all unsere Einsätze verpennt, wir hätten Sätze des Pfarrers wiederholen müssen und aufstehen und »Amen« sagen und so weiter. Aber egal.

Nach einiger Zeit der Ehe wurde meine Psalmfreundin dann von ihrer größten Angst eingeholt: Der Mann, dem ich etwaige Hilfe hatte angedeihen lassen wollen, betrog sie. Wie schon ihr Vater ihre Mutter. Weswegen sie sich kaum etwas mehr ersehnt hatte als einen ernstzunehmenden, hochheiligen Treueschwur vor dem Altar. Es war also keinerlei Ironie in ihrem Hochzeitsarrangement gelegen. Sondern ein Ernst mit bitterem, geradezu verzweifeltem Beigeschmack.

Die zweite Hochzeit war nicht so klassisch. Meine Freundin war hochschwanger und der Vater des Kindes sollte noch rasch zum Gatten gemacht werden. Es schien ihr einfacher, zum Standesamt zu gehen als zum Jugendamt. Da musste man sonst einen Sorgerechtsantrag stellen. Diese Logik konnte ich nicht ganz nachvollziehen. Viele andere Freunde behaupteten, sie heirateten vor allem wegen des Geldes. Um Steuern zu sparen. Dass dieses Argument mich aufbrachte, wusste meine Freundin zu gut. Und ich wusste: Auch sie wünschte sich zwar keine Bilderbuchhochzeit – wie meine Psalmfreundin –, aber doch eine Bilderbuchehe. Wie die ihrer Eltern.

Diese Hochzeit wurde mehr ironisch als liturgisch gefeiert. Die Braut trug Cowboystiefel, wilde Fransen baumelten vom Kleid über ihrem kugelrunden Bauch, die Freunde hatten, in pinkfarbenen Cowboyhüten, ein Ständchen von Dalida einstudiert, und die Eltern kamen eher aus Jux als im Ernst vorbei. Die Ansprache der Standesbeamtin überraschte mich in ihrer säkularen Menschenkenntnis, und sie rezitierte sogar Tucholsky! Bestimmt, weil sie im Sozialismus groß geworden worden war, da hatten sie Rituale auf ihren anthropologischen Kern eingedampft. Als sie die vom Bräutigam mitgebrachte CD in den Rechner schob und der Kerzenständer darauf zu wackeln begann, während Louis Armstrong »What a Wonderful World« brummte, musste ich lachen.

Doch dann sah ich den Blick der Braut, meiner Freundin, die gerade im Begriff war, vermählt zu werden. So hatte ich sie noch nie gesehen. Und ich kannte sie sehr lange. In ihren Augen lag etwas Erhebendes, sie glänzten, sie flackerten. Meine Freundin, diese momentan sehr schwere, schwangere Frau, sah aus, als würde sie soeben in einen anderen Erdenkreis geschossen, irgendwie ... ja, erhaben. Es war ein Schein um sie. Im Moment der Ehelichung. Und ich meine das überhaupt nicht unernst. Es war so. Und es beeindruckte mich. Es war ein Transformationsprozess, ein Übergang. Im Französischen klingt es schöner, mystischer: Es war ein *Rite de passage*. Das ist kein Zustand, den man auf Dauer halten kann. Auch und gerade wenn er wahnsinnig schön ist. Zum Aus-der-Haut-fahren. Wie eigentlich auch ich mir Augenblicke wünschte.

Ich glaubte, den Kern der Sache erkannt zu haben. Dennoch erschien mir das Versprechen zu groß. Und auch diese Ehe zerbrach am harten Boden der Tatsachen: im gemeinsamen Haushalt. Sie kamen sich wieder näher, als die Haushalte getrennt wurden. Nicht viele Menschen können gut gemeinsam unter einem Dach leben. Warum zwängen sich alle darunter? Wir schafften es, gemeinsam, aber frei unter einem Dach zu leben. Für andere wäre es vielleicht manchmal besser, zusammen zu bleiben, aber nicht im gleichen Haus.

Die dritte Hochzeit fand gar nicht statt, aber sie sollte es eigentlich. Auch mit dieser Freundin erlebte ich einen Zustand äußerster, außergewöhnlichster Verzückung. Das war, als sie mir den Verlobungsring hinhielt, an ihrer ausgestreckten Hand, fein und zart, und sie zitterte, Tränen schossen in ihre Augen, und sie kicherte und lachte und war außer sich. Ich erschrak ein wenig. Und sagte: »Oh! Mann, du freust dich aber! Wow.« Und dachte: Es scheint für sie tatsächlich das höchste der Gefühle zu sein, von einem Mann geehelicht zu werden. Auch wenn sie ihn gerade erst kennengelernt hat. Als wäre genau dies ihre Bestimmung. Leider endete die Beziehung vor der Eheschließung. Oder: Gott sei Dank?

Vermutlich, dachte ich nach all diesen Hochzeiten, hatte ich, im Lauf meines Liebeslebens, den Glauben aufgegeben. Nicht an Gott, den hatte ich nie erlernt. Sondern an die Idee vom großen Glücksrausch mit dem Einen. Der mich erlösen sollte. Ich fand diese Idee, vor allem für mich selbst, je älter ich wurde, blind, naiv und gefährlich – ich wollte mich nicht (mehr) abhängig machen von einer einzigen anderen Person. Wie ich es bei der ersten großen Liebe als junges Mädchen getan hatte, und dann wieder und dann noch ein paar Male. Wenn ich unglücklich war wegen einer Sache, hatte ich gelernt, an die anderen in meinem Leben zu denken, die mir Halt gaben: Kinder, Partner, Freunde, Natur, Aufgaben, Arbeit, Bücher, Kino und ein Glas Schaumwein oder zwei. Der Geliebte ist nur ein Mensch. Nicht der Messias.

Und ich hatte den Eindruck, viele meiner Freundinnen hatten sich in unser aller postmateriellem Leben auf dieses überdrehte Glücksgedöns fixiert, nicht nur als partnerschaftliches Ideal, sondern ganz im Allgemeinen. Sie fieberten nach dem ultimativen Glück. Vielleicht aus Langeweile. Weil sie raus wollten. Denn es wurde uns allen ja überall und andauernd vorgemacht und versprochen. Ein Freund, der Journalist Sven Kuntze, schob die Schuld für den ubiquitären und überinterpretierten »Pursuit of Happiness« seiner Generation, den 68ern, den Hippies, Wirtschaftswunderprofiteuren und Selbstverwirklichern zu. Und verwies auf Arthur Schopenhauer, der vom anderen Ende her argumentiert hatte. Das größte Glück sei, sagte der, eine schmerzlose Existenz. So ähnlich hatten vermutlich auch meine Großeltern gedacht, vor, im und nach dem Krieg. Und sogar noch mein Schwiegervater, der sich aus der Armut herausgearbeitet hatte und einen mit großen Augen anstarrte, wenn man ihn nach seinen »Gefühlen« fragte. In der Steigerungsform aber verstand auch ich den knorrigen Schopenhauer: »Um nicht sehr unglücklich zu werden, ist das sicherste Mittel, dass man nicht verlange, sehr glücklich zu sein.«

Unser Anspruch auf Glück war übertrieben. Und wenn sie vom ekstatischen Ehelichungsmoment in den Entzug dessen gekippt waren wie in einen kalten Turkey, dann brauchten die Expartner, nachdem sie böse gestritten und sich tief verletzt hatten, oft Jahre, um sich halbwegs anständig über den Umgang mit ihren gemeinsamen Kindern zu einigen.

In der Krise, sagte der Mann an meiner Seite, zeigt sich der Charakter. Es war erschreckend mitanzusehen, wie sehr sich geliebte Menschen in der Krise verändern können. Fast all meine Freundinnen und Freunde verzweifelten daran. Und ich glaube, sie verzweifelten vor allem an ihrem Ideal.

Das durch die Ideologie geprägt war und so dominant wurde, dass uns die Fantasie dafür abhanden gekommen war, auszuprobieren, auf wie viele verschiedene Arten man mit- und nebeneinander leben könnte. Und nicht gegeneinander.

Freigeister, die offenere Formen suchten, hat es auch in unserer Kulturgeschichte immer wieder gegeben, nicht nur unter Nomadinnen und Nomaden im Busch. Anthropologen sagen, dass der Mensch erst mit der Anschaffung von Ackerbau, Haus, Hof und Eigentum auch das Gebot der Monogamie erfand; denn damit habe der Herr im Haus versucht, die Erbfolge zu sichern. Freiere Konzepte der Beziehung lagen also durchaus in unserer Natur. Doch Libertinagen waren jetzt nicht à la mode. Und die Freizügigkeit der 68er erwies sich nicht gerade als vorbildhaft; ging sie doch einher mit der Vernachlässigung des eigenen Nachwuchses, der heute noch mit den Folgen seiner (Nicht-)Erziehung kämpfte. Auch freie Geister sind ja nicht automatisch starke Charaktere.

Und so folgten erstaunlich viele von uns nur noch diesem einen ausschließlichen Ideal der Rama-Familie, das sich durch die Jahrzehnte zog: Vater, Mutter, Kinder und schön dick Sonne aufs Brot; selbst wenn sie schon ranzig schmeckte. Ein Standbild. Unveränderlich. Und höchstens durch ein weiteres Standbild ablösbar: das der Patchwork-Familie. Andere Bilder? – Kaum auszumalen.

Der oder die Eine musste in dieser Konstellation alle Ansprüche auf einmal erfüllen: Liebhaber, Freund, Vater und Partner sein. Die Soziologin Eva Illouz wendete das Arrangement um und es leuchtete mir ein: »Ich sage nicht generell, dass der Mann, den wir lieben, nicht auch der Vater der gemeinsamen Kinder werden kann.« Wenn ein

Mann sowohl Partner als auch Papa sein wollte, sei es das Beste, was einem passieren könne. Doch wenn beides in einem nicht möglich sei, dann könnten wir uns doch andere Formen und Strukturen suchen, in denen wir Kinder aufziehen, in Gemeinschaften von Leuten, die sich nahe stehen: »Gute Freunde zum Beispiel, die dicht beieinander wohnen und einander gegenseitig helfen.« Das klang für mich praktisch und theoretisch überzeugend. Wir aber gingen zum nächsten Mann über, wenn der eine nicht alles hergab, und erwarteten, dass der neue wieder alle Rollen würde erfüllen können. Wir hatten die Freiheit der Wahl und wir wählten einen neuen Partner – und immer wieder die gleiche Beziehungsform. Als ob es keine andere gäbe als die idealisierte seriell monogame Dauerromanze.

Dabei hatte der Mensch alle möglichen Formen gelebt: mit Seitensprüngen, Mätressen, Liebhabern, *Ménages-à-trois*, ganzen Kommunen und massenhaft Ehen, die es aushielten, sich nicht jahrzehntelang im erotischen Dauerrausch zu befinden. Doch das alles hatten wir, die Produkte der Fabrik, scheinbar vergessen oder in schlechter Erinnerung. Das überlagerte seltsamerweise die Erfahrung ausgelaugter Paarbeziehungen. Mich wunderte das irgendwann: Wir hatten alle Freiheiten und wir hatten – anders als die meisten Menschen vor uns – sogar gelernt, über unsere Gefühle zu sprechen und Konflikte zu verstehen. Wir waren die austherapierte Generation. Und hatten immer noch große Angst, waren mutlos und kaum unternehmungslustig und taten nur in der Öffentlichkeit so, als wären sexuelle Freiheiten, und Freiheit überhaupt, unser höchstes Gut.

Warum änderten wir nicht die Form statt des Partners? Nur, weil jeder Einzelne von uns darauf beharrte, sich für außergewöhnlich halten zu können – und zwar vorrangig in körperlicher Hinsicht? Anders zu sein als alle anderen Paare, die seit Jahren zusammen waren?

Ich hatte sogar den Eindruck, je dringlicher meine Freundinnen und Freunde »Rama« ins Zielvisier nahmen, desto schneller fuhren sie die Beziehungskisten an die Wand. Der Druck war zu groß. Sie scheiterten an ihrem starren und unerreichbaren Idealbild, und ich musste, während ich beim Crash zusah, oft an den Herrn Keuner von Bertold Brecht denken:

»Was tun Sie«, wurde Herr K. gefragt, »wenn Sie einen Menschen lieben?«

»Ich mache einen Entwurf von ihm«, sagte Herr K., »und sorge, dass er ihm ähnlich wird.«

»Wer? Der Entwurf?«

»Nein«, sagte Herr K., »der Mensch.«

Mich beschäftigten zwei Fragen:
1. Warum hält der Mensch lieber an seiner Verzweiflung fest – anstatt das Ideal anzuzweifeln?
2. Warum können wir nicht gleich Freunde bleiben, nicht nur in Wohn-, sondern in Lebensgemeinschaft – ohne die Phase der Bitterkeit?

Ich mochte diese Idee der Freunde unter einem Dach – und nun stand ich mitten in der Praxis, hatte die Gelegenheit, es zu versuchen und keine Lust, die Sache abzubrechen. So, wie es ausnahmslos alle Leute prognostizierten, denen ich von meiner schönen, neuen Form des Zusammenlebens erzählte: der Freundschaftsbeziehung. Früher hätte man es vielleicht Kameradschaft genannt. Nicht mal mein schwuler Freund glaubte, dass uns das gelingen könnte, als Heteros mit Kindern. Dabei wollte ich mir den Regenbogen doch von seinem Viertel der Welt abgucken. Er hatte, weil er außerhalb der Norm lebte, alle möglichen Formen ausprobieren können und war dabei auf freiheitliche Ideen gekommen, die mir geradezu logisch erschienen. Ich hatte ein Interview aufgehoben, in dem zwei Männer, seit 48 Jahren ein Paar, zu ihrem seltsamen Gebaren befragt wurden:

»Heterosexuelle Paare versprechen sich immer noch Treue, bis dass der Tod sie scheidet. Gilt das Gleiche auch für Sie?«

John Günther: »Ich finde es unmenschlich, dass sich jemand dazu verpflichten soll, nie wieder mit einem anderen sexuelle Träume erleben zu dürfen. Je mehr diese Dinge in Absprache liberal gehandhabt werden, desto größer die Chance auf ein beständiges Zusammenleben.«

»Hatten Sie beide jemals Sex außerhalb Ihrer Beziehung?«

Alfred Kaine: »Jeder von uns hatte immer die Erlaubnis, einen Tanz außerhalb der Reihe zu tanzen. Aber dadurch, dass es nicht verboten war, kam es auch nicht oft vor.«

John Günther: »Mein Neffe hatte einen One-Night-Stand und hat es seiner Frau erzählt. Jetzt droht die Ehe an dieser Lächerlichkeit zu zerbrechen. Ich finde es traurig, dass man wegen so etwas gleich das große Ganze in Frage stellen, ja ruinieren kann.«

»Wäre diese sexuelle Freiheit etwas, was heterosexuelle Paare von homosexuellen lernen könnten?«

John Günther: »Ein entschiedenes: Ja! Wenn es eine Botschaft von uns gibt, dann ist es diese.«

Die Botschaft war bei mir angekommen, ich fand sie schlau. Und auch meine Freundinnen und Freunde sagten: Revolutionäre Idee! Aber die Zeit sei dafür noch nicht reif. Aber wann dann? In meinem nächsten Leben, als Dose?

Der Mann an meiner Seite hatte geahnt, dass ich verliebt war in einen anderen, und er war wütend, dass ich es ihm gesagt hatte. Wir hatten Geheimhaltung vereinbart, um einander nicht unnötig zu verletzten – und jetzt musste er sich mit dem Anderen auseinandersetzen. Aber er verstand, dass es verlogen gewesen wäre, weiter so zu tun, als wär' nichts. Sowohl was den Anderen betraf. Als auch die Tatsache, dass wir uns immer schwerer taten, ein Liebespaar zu sein. Weil wir Freunde geworden waren. Ich gab mir Mühe, mir sein Vertrauen zu erarbeiten und meine Worte nicht Lügen zu strafen. Ich war da, ich hörte zu, ich fragte nach, so gut es ging. Ich wollte diese Beziehung nicht durch eine andere ersetzen.

Vielleicht sollte man es tatsächlich Kameradschaft nennen. Wörter wie Team und Partner sind der Handelswelt entnommen, als wären wir Partner eines Geschäfts. Das jedem Teilhaber Gewinn bringen soll. Und wenn der nicht mehr erfolgt, stellt man die Beziehung ein. So, sagt Eva Illouz, funktionierten unsere wechselnden Partnerschaften in Zeiten freier Partnerschaftsbörsen mit Angebot und Nachfrage: Wir befänden uns in andauernder Konkurrenz und würden andauernd bewertet. Frisch verliebt wiegen wir uns eine zeitlang in Sicherheit. Wir glauben, angenommen zu werden, wie wir sind. Das ist das Liebesversprechen. Aber wenn wir uns entlieben, brechen die Werte und Regeln von draußen in die Beziehung ein. Und der Mensch wird auf seinen Nutzen reduziert. »Wenn meine Bedürfnisse nicht mehr befriedigt werden, brauche ich den anderen nicht mehr und habe die Freiheit und die Möglichkeit, zum nächsten zu ziehen«, sagt Illouz. Doch das wollte ich nicht, ich wollte das Alte mit neuer Form. Mein Freund war meiner Meinung – und blieb an meiner Seite. Wir beschlossen gemeinsam: Wir wollen das schaffen.

Der Mann an meiner Seite las mir ein Gedicht von Rainer Maria Rilke vor:

»Wir haben, wo wir lieben, ja nur dies:

Einander lassen, denn daß wir uns halten,

das fällt uns leicht und ist nicht erst zu lernen.«

Ich bekam Respekt vor so viel Größe. Das bindet. Unsere Liebe veränderte sich, sie wurde weniger akut, sie wurde geduldig. Sie fühlte sich bindender an, weniger verletzbar durch Konkurrenz oder unerfüllte Erwartungen. Ich fühlte mich freier und dadurch beständiger. Es entstand eine weisere Liebe. Und trotzdem kein wieder aufflammendes Begehren. Es gab keinen Weg zurück. Wir hielten durch. Auch indem wir immer wieder, vorsichtig tastend und dann offen und direkt, über unsere Gefühle sprachen. Wie Regisseure, die analysieren, was auf der Bühne zwischen den Figuren passiert. Wir beobachteten unser Verhalten, denn wir hatten ein gemeinsames Ziel: unsere Beziehung zu transformieren.

Und das nicht nur wegen der Kinder. Sie spürten vielleicht Stimmungen, aber sie erlebten keinen offenen Konflikt. Wir stritten selten und wenn, dann beherrschten wir uns, manchmal sehr. Wir wussten beide, dass es Verletzungen unter der Gürtellinie geben konnte, die nicht wieder gut zu machen wären. Und so unverschämt ich manchmal war, ich wiederholte jedes Mal: Ich bleibe. Ich wollte diesen Menschen neben mir behalten. Das Leben war besser mit ihm. Einfacher, sinnvoller, inspirierender.

Der Andere wohnte nicht in unserem Viertel, er lebte nicht einmal in unserem Teil der Welt. Das fand ich verlockend. Wir sahen uns selten, aber in Gedanken war ich bei ihm. Aus der Affäre wurde keine Liebesbeziehung, obwohl ich mir das gewünscht hatte. Der Andere sagte: »Ich will dich nicht verlieren, lass uns Freunde bleiben!« Als ich das hörte, wurde mir übel. Aber ich dachte: Was ich von dem Mann an meiner Seite verlangt hatte, musste man auch von mir erwarten können. Ich schluckte. Aber wir wurden tatsächlich Freunde.

Und als der Mann an meiner Seite dann Andere hatte, ja: freute mich das. Nun waren wir wirklich auf Augenhöhe. Ich fühlte mich erlöst. Und befreit – aber nicht frei, um etwas zu tun, was mir versagt gewesen wäre. Sondern befreit von dem, was normal zu sein hatte. Ich war so frei, wie in meiner Arbeit, da konnte ich nicht gefeuert werden. Und sollte ich jemals Ambitionen auf Ämter hegen, könnte mich keiner mit Affären erpressen, ich verheimlichte sie eh nicht. Kleiner Scherz – wahrer Kern: Mit Heimlichtuerei kommen wir keinen Schritt weiter.

Manchmal denke ich, es lag am Alter. Ich war in der fünften Dekade, da konnte man allmählich weise werden. Ich wusste, es gab Wichtigeres als Sex. Er konnte schön sein, aber am schönsten war es: freie, mutige und lebendige Menschen um sich zu haben.

Unseren Kindern ging es gut. Jeder von uns hatte sein eigenes Zimmer bekommen und diese Raumaufteilung war wie ein symbolischer Grundriss unseres Arrangements.

Sehr lange hatte ich mir große Mühe gegeben, mich von dem Einzelkind, das ich sein konnte, in ein Familientier zu verwandeln. Aber schließlich setzte sich doch wieder mein Wille durch, und seither fühlte ich mich, in meinen eigenen vier Wänden, wieder wie ein Individuum. Individuum heißt wörtlich übersetzt: Unteilbares. Es war das Gefühl, als könnten meine drei Männer, der Große und die beiden Kleinen, mich nun nicht mehr unbegrenzt teilen. Endlich bekam ich ein eigenes Zimmer, mit einer Tür. Dabei wollte ich den Männern keinen Vorwurf machen, den Großen hatte ich all die Jahre sogar beneidet. Mich gefragt, wie er so viel weniger Grenzen brauchte. Und versucht, von ihm zu lernen.

Beispielsweise hatte ich mich hin und wieder mitten im Tagestrubel einfach aufs Sofa gesetzt und hinter der Zeitung zu verstecken versucht. Als könnte ich mit dem bisschen Papier eine Grenze zwischen der Welt und der Mama hochziehen. Leider konnte ich mich nie aufs Lesen konzentrieren. Weil mein Radar damit beschäftigt war, die nahenden Familienmitglieder abzuwehren. Ich hatte mich sogar mal am helllichten Samstagnachmittag mitten auf den Wohnzimmerboden vor den Fernseher gelegt und, als sich die Männer mit großen Augen um mich herum aufbauten, wie sie genuschelt: »Ich muss jetzt F... F... Fernsehen gucken, ich brauche das zur Ablenkung!« Das Wort »Ablenkung« benutzte der Mann an meiner Seite immer – das Wort »Fußball« brachte ich nicht über die Lippen. Es wäre zu verlogen gewesen, kein Mensch hätte es mir abgenommen. Und ich selbst musste mich konzentrieren, um auf den Bildschirm zu gucken, über den Ich-weiß-nicht-mehrwas flackerte. Denn ich hatte mir vorgenommen: Mich jetzt mitten im Familienleben einfach mal abzusetzen. Und mich in aller Seelenruhe nur mir und meinem Hobby zu widmen. Eine Tätigkeit, der der Mann an meiner Seite seit langem frönte. Mitten unter uns. Und die mir einfach nicht gelang.

Nicht weil ich keine »Hobbies« gehabt hätte. Sondern weil ich mir nicht erlaubte, sie auszuüben, bevor nicht alles um mich herum erledigt und still war. Also dachte ich all die Jahre: Die Lösung wäre es, wenn ich ein Zimmer hätte, in dem ich mich hinter echten Wänden und einer geschlossenen Tür quasi zum Verschwinden bringen könnte. Genau genommen benötigte ich das Zimmer nicht so sehr, um mich gegen die anderen abzugrenzen. Sondern um mich vor mir selbst zu schützen.

Wegen dieses Gedankens hatte ich lange ein schlechtes Gewissen. Deshalb strengte ich mich so an, mich zu integrieren in das Familienkuddelmuddel und genauso in die innere Emigration zu gehen, wie die Leute um mich herum. Der Mann an meiner Seite war der Erste gewesen, mit dem ich in einer Wohnung leben wollte. Obwohl ich in ihn verliebt gewesen war, muss ich rückblickend sagen: Ich war der geborene Single. Zumindest was den ehelichen Haushalt anging. Ich war Einzelkind, ich musste zuvor keinen Raum teilen. Ich hatte allein in Studentenwohnungen gelebt, mit mehreren Leuten in WGs und mit einem guten Freund in einem eheähnlichen Haushaltsverhältnis. Aber immer hatte ich ein eigenes Zimmer mit einem eigenen Bett gehabt. Für Tische war nicht immer Platz, obwohl es zu wünschen gewesen wäre. So wie es sich auch Virginia Woolf vor fast 100 Jahren für die Frauen und ihre Unabhängigkeit wünschte, als sie sagte: »Eine Frau muss Geld und ein eigenes Zimmer haben, um schreiben zu können.«

Woolf bezog den mittlerweile legendären Anspruch auf »A Room of One's Own« auf die Tatsache, dass zu ihrer Zeit Frauen nicht in hochherrschaftlichen Universitäten saßen wie Männer. Sie forderte Zugang zu Bildung, Unabhängigkeit und die Möglichkeit, mit eigener Stimme in der Öffentlichkeit zu sprechen.

Das alles hatte ich. Seltsamerweise aber fehlte mir noch mehr Unabhängigkeit im Privaten. In der Beziehung. Und der Wunsch danach manifestierte sich in diesem mir selbst unangenehmen Gequengel. Das ich immer wieder anstimmte, weinerlich und leicht defensiv. Weil ich mich schämte, dass ich ein eigenes Zimmer haben wollte.

Solch einen Raum bekamen wir dann alle vier. In unserem gemeinsamen Leben. Jedes Kind hat ein Zimmer, der Mann an meiner Seite hat seines und ich meines. Mit Tisch und Bett. Und jedem Besucher mussten wir die entsetzte Frage beantworten: »Ihr habt getrennte Zimmer?!«

Letztendlich geht es immer um Sex. Der wird von den einen, den Erwachsenen, total überbewertet. Und die anderen, die Kinder, wollen mit dem der Eltern nichts zu tun haben. Meine Kinder fragten uns: »Liebt ihr euch noch?« Diese Frage konnten wir mit »Ja« beantworten. Ich interessierte mich auch nie dafür, ob, wie und mit wem meine Eltern intim wurden – im Gegenteil! Es war nur eines wichtig: dass wir nett und liebevoll miteinander lebten, unter einem Dach und in gemeinsamen Urlauben, einander zugewandt. Die Kinder meiner Freundin, die seit Jahren wöchentlich zwischen ihren Eltern pendelten, schlugen irgendwann vor: Sie sollten alle wieder zusammenwohnen, gern auch mit den neuen Kindern und den neuen Partnern. Aber: Nicht mehr diese Getrenntheit.

Gute Bindungen erhöhen die Chance auf ein zufriedenes Leben erheblich; unsichere Bindungen werden einen Menschen sein Leben lang begleiten. Das sah ich an all den Freunden, die sich noch als Mittvierziger als »Scheidungskinder« bezeichneten. Fatalerweise waren das oft diejenigen, die in Konflikten am ehesten aufgaben und dann zu allein oder getrennt erziehenden Elternteilen wurden. Man macht, was man kennt. Viele Menschen lebten – unbewusst oder bewusst – das, was ihre Eltern ihnen vorgelebt hatten. In der Form, im Konflikt, im Ton, *en détail*. Und auch diejenigen, die auf keinen Fall werden wollen wie ihre Eltern, leben in Bezug auf sie. Eben ganz anders. Zumindest eine Zeit lang.

Ich fand, ich hätte die Verantwortung, den Menschen, die ich in die Welt gesetzt hatte, eine gute, starke Bindung vorzuleben. Dafür musste ich mir alle erdenklichen Mühen geben – und alle Register ziehen. Selbst und gerade: die revolutionären.

RAUS AUS DER ZELLE

Freunde, Familie, Nachbarn: Mehr Gemeinsinn

Ich wurde in einer Kleinstfamilie groß. Mit meinen Eltern lebte ich in einem Reihenhaus einige hundert Kilometer weit weg von ihren Familien. Die waren sehr dezimiert. Der Vater meiner Mutter war im Krieg gefallen, die Mutter meines Vaters war gestorben, als er ein Junge war, seine ältere Schwester starb, bevor sie dreißig wurde, und die meiner Mutter einige Monate nach meiner Oma. Als ich acht Jahre alt war, waren wir nur noch Mutter, Vater, Kind.

Ich wünschte mir Geschwister und mochte es, Menschen um mich zu haben. Ich konnte auch gut allein sein und viele Leute, die wild durcheinander reden, machten mich nervös. Aber immer mochte ich die Stille nicht, diese Stille: Wenn ich in unserem Wohnzimmer stand und in das Gärtchen hinausblickte, darüber eine Decke aus Schnee, die Tannen bewegten sich nicht und außenrum lag die Welt der Reihenhäuser, Vorgärten und Doppelgaragen als schliefe sie, für immer.

Meine Eltern waren moderne Menschen. Sie waren beide zum Studieren in eine andere Stadt gezogen, sie wollten raus aus dem Mief der Kleinbürgerlichkeit und weg von der Last des Dritten Reichs. Sie waren nicht mal ganz unfreiwillig, wie es Jean-Paul Sartre formulierte, »zur Individualisierung verdammt« – sie schätzten ihren Individualismus. Und bauten ihre Biografien fern von ihren Herkunftmilieus, von Kirchen und anderen Clubs, Vereinen oder naheliegenden Gemeinden.

Unsere kleine Familie war unser ganzer Halt. Wir waren sehr eng.

Auch ich ging nach der Schule weit weg von meinen Eltern, sie rieten mir zu, ich sollte die Chance nutzen und die Welt kennenlernen. Das tat ich und das war auch gut so.

Doch je älter ich wurde, desto mehr begann ich mich nach etwas zu sehnen. Was mir bislang egal gewesen war, was ich belächelt hatte. So ähnlich wie die Natur. Zehn Jahre lang hatte ich in der Großstadt gelebt, ohne je raus aufs Land fahren zu wollen. Dann glaubte ich plötzlich, nicht mehr leben zu können ohne die Verbindung zur Natur, mindestens einmal die Woche.

Ich sehnte mich nach ... nein, nicht Wurzeln.

Die lagen in meiner Kindheit, sie hatten mit Gerüchen zu tun, mit Stimmungen und Geräuschen. Mit der Hand meiner Mutter, die meine hielt. Dem Lächeln meines Vaters, wenn ich ihm von meinem Tag erzählte. Das war meine Heimat, ich trug sie in mir. Und verdrängte den Verdacht, ich könnte sie nur an dem Ort finden, wo ich herkam, da, wo wir im Sommer im Schatten von Kastanien saßen. Und brauchte nicht Boden, Blut oder Stammbäume dafür.

Ich sehnte mich eher nach einem Geflecht, das ich selbst knüpfen konnte. Manche nannten, was ich meinte, Rhizome: Wurzeln in die Breite statt in die Tiefe. Ich mochte den Begriff nicht, ich hatte dabei eine komische Kreuzung aus Nashorn und Ingwer vor Augen. Rhizom klang so gewollt wie Networking gewinnfixiert. Also nannte ich das, wonach ich mich zu sehnen begann, einfach altmodisch: Gemeinsinn. Solidarität schwang darin auch mit. In der Familie, aber eben auch darüber hinaus, unter Freun-

den, mit Nachbarn, im Kleinen und übertragenen Gemeinsinn und dem Versuch von Verbundenheit.

Die Verwandlung begann, als ich Mutter wurde. Vielleicht, weil ich da zum ersten Mal in meinem Leben für jemand anderen zu sorgen hatte als nur für mich. 34 Jahre
lang war ich Einzelkind gewesen, sehr lang und gern nicht
in einer »festen« Beziehung, und Kinder wollte ich zwar
haben – ein Leben mit ihnen war mir aber total fremd. Bis
dahin konnte ich tun und lassen, was ich wollte. Plötzlich
war das vorbei und ich nicht mehr eine allein – sondern
drei und dann vier auf engem Raum. Ich brauchte Jahre,
um mich daran zu gewöhnen. Das Leben mit Kindern war
alles andere als selbstverständlich. Leider.

Doch je weiter ich mich von mir allein wegbewegte, desto größer wurde mein Bedürfnis, auf andere zuzugehen.
Durch die Familie lernte ich Nähe nicht nur zu ertragen,
sondern mir wurde bewusst, dass ich ihrer bedurfte. Ich
wollte Nähe und Nachbarschaft. Ein Begriff, der mir aus
dem amerikanischen Hip-Hop geläufiger war als aus eigener Anschauung: Meine »Hood« ja – aber Nachbarn? Das
waren für mich die Leute hinter den Hecken gewesen, von
denen ich kaum etwas mitbekommen hatte. Außer ihr
Hund heulte. Der unserer Nachbarn hatte Quiety geheißen,
er war ein Boxer, und wenn ich Blockflöte spielte, jaulte er.
So ohrenbetäubend, dass unseren Nachbarn mein Flöten-
spiel auf die Nerven ging und meinen Eltern dann auch.
Nachbarschaft, das war für mich ein spießiger Rückkopp-
lungseffekt und später zog ich zu oft wieder weg, um anhal-
tende Rhinozerosse auszubilden.

Außerdem brauchte ich höchstens mal ein Ei. Aber keine Gemeinde. Meinen Alltag konnte ich alleine bewältigen.

Mit den Kindern änderte sich das. Mit Kindern zieht man nicht dauernd weiter. Kinder brauchen Halt. Dafür bilden sie Wurzeln, ganz von selbst. Sie brauchten zu essen und zu trinken, eine Kita, Freunde, einen Arzt und verlässliche Erwachsene. Eine Nachbarschaft.

So wurde aus dem Einzeller eine Bürgerin, es war an jenem Abend, als ein alter Herr in einem neonbelichteten Bürgerbüro mich und meine Nachbarsfreundin begrüßte mit den Worten: Unter uns sind heute auch die Damen von der Bürgerinitiative Verkehr. Da zuckte ich zusammen: Bür-ger-Ini-ti-a-ti-ve. Ich?

Es war einfach so, dass ich eines Tages mit meinen Kindern aus dem Haus getreten war, um mit ihnen in den Park zu gehen. Der lag vor unserem Haus, dazwischen eine Straße und kein Übergang und ein Hund war da schon mal zu Tode gekommen. An jenem Tag stand dort ein Puppenthea-ter, das hatte diese Nachbarsfreundin organisiert, davor sa-ßen viele Kinder und auch meine ließen sich als Löwen und Melonen schminken. Um alle zwanzig Minuten auf die Straße zu laufen, die Autos zum Anhalten zu bringen und zu rufen: »Wir wollen eine Ampel!« Mein Sohn, der Löwe, und seine Nachbarin, die Melone, hielten sich an den Händen und jemand brachte ihnen bei, wie man eine Faust in den Himmel reckte, sie lachten und skandierten noch lauter: »Wir wollen eine Ampel!«

Dieser Anblick machte mich stolz. Dieses kleine Wir. Mehr noch: glücklich. Ein Evidenzmoment. Das war die Initialzündung gewesen, so kam ich ins Bürgerbüro. Und staunte. Denn ich war, mitten in meinem hippen Viertel, in eine mir fremde Welt geraten. So fremd, dass ich lachen musste, weil es sich wie ein Theaterstück anfühlte. Da sa-

ßen alte Herrschaften und diskutierten mit einem Bezirksverordneten und einer Bezirksstadträtin in fließendem
Amtsdeutsch über Dinge, die ich gerade mal buchstabieren
konnte: Parkraumbewirtschaftung, Eingabeverordnung,
Grünflächenamt, Sekundarschule und natürlich ging es
um diese und jene Gelder und dass es kaum welche gab.
Hinter den Begriffsungetümen verbargen sich fehlende
Grundschulen, fehlende Turnhallen, ein fehlender Jugend-
club, die Schließung der Bibliothek, die Schließung der
Musikschule, die Dimmung der Straßenbeleuchtung, eine
zu kalte Schwimmhalle. Und es ging auch um unsere Straße. Über die meine Kinder nicht allein gehen durften. Weil
die uns so gefährlich erschien, dass sie da ums Leben kommen könnten. Also ging es – die Folgerung fand ich damals
noch provokant – letztendlich um Leben und Tod. Im Kleinen, in der Lokalpolitik.

Von deren Funktionsweise ich keinen blassen Schim-
mer hatte. Die alten Herrschaften mussten sie uns erklären, sie forderten seit dreißig Jahren schon eine ruhigere
Straße. Aber die Kinder der Betroffenen wuchsen meist
schneller als die Geduld auf Veränderung, und dann musste die nächste Elterngeneration anfangen, sich vorüber-
gehend um die Straßenüberquerung zu kümmern. Unsere
Mitstreiterinnen waren berufstätige Mütter oder schlecht
bezahlte Erzieherinnen, die fast nie Zeit hatten. Eine Ampel war zu teuer. Der Senat bewilligte Gelder nicht, aber
vielleicht Europa? Ein Gutachter musste her, ein Verkehrs-
aufkommensmessungsverfahren, eine Unfallstatistik, die
Mehrheit in der Bezirksverordnetenversammlung und ein
Bezirksverordneter, der sich für unser Anliegen einsetzte,
am besten der Stadtrat.

Auf dem Nachhauseweg googelte ich auf meinem Handy – mit dem ich mehrmals täglich die Weltlage checkte –, wie der Bezirksstadtrat eigentlich hieß. Und was der Unterschied war zwischen einer Eingabe und der Einreichung einer Einwohneranfrage. Ja, ich hatte – konkret und nicht akademisch – überhaupt keine Ahnung, wie Mitbestimmung funktionierte. Was eine Gemeinde ausmachte. Was man dafür tun musste. Und: dass man dafür etwas tun konnte!

Am nächsten Morgen sagte ich zu meinem Freund: »Wir sind jetzt eine Bürgerinitiative.« Ich hätte auch sagen können: »Ich bin gerade achtzehn geworden.« Oder: »Allmählich verstehe ich, wie Demokratie funktioniert.« So sah er mich an – Borat. Dabei war ich ein Kind meiner Zeit. Politik hatte ich den Alten überlassen. Und begriff tatsächlich erst mit fast vierzig Jahren, was Engagement bedeutete: geben, nehmen, helfen, mit anpacken, gemeinschaftliches Leben regeln. Und dass das gut tat.

Es war ein zäher Kampf und er machte keinen Spaß. Aber er erzeugte ein Wir, ein gutes kleines Wir. Das Jahre später keine Ampel bekam, aber Verkehrsinseln, Gehwegvorstreckungen und andere beruhigende Ungetüme. Und so stand ich eines Tages mit meiner Nachbarsfreundin in der Einwohnerfragestunde der Bezirksverordneten. Es war ein großer Saal und plötzlich ging die Tür auf und lauter Kinder, Jugendliche und Erwachsene liefen herein, mit Trillerpfeifen und Transparenten, auf denen stand: »Ohne Musik wäre unser Leben ein Irrtum!« Und als die Kinder vor den Bezirksverordneten zu skandieren begannen: »Lasst uns unsere Musikschule« – da schossen mir Tränen in die Augen und ich grämte mich, weil ich nicht mehr wusste, was nun wichtiger war: Musik für alle? Oder Straßen für alle? Oder Turnhallen, Bibliotheken, Krankenhäuser, Grundschulen und Altenheime?

So fing das an. Und im Kleinen ging es weiter. Vor der Haustür und in der Familie, der Kleinstfamilie. Deren Konzept mir nicht behagte. Denn als die Kinder kamen, wurde uns sehr schnell klar: Mutter, Vater, Kinder allein – das funktionierte so nicht. Die Familie ist eine Zelle. Die immer wieder von selbst entsteht, weil die meisten Menschen nun mal Kinder wollen und dafür, in der Regel und bislang zumindest, eine Frau und ein Mann nötig sind. Mit ihrem zumeist heterosexuell seriellen Monogamie-Ideal. Die Familie ist die kleinste garantierte Einheit von Gesellschaft. Deswegen legt der Staat so großen Wert auf sie. Sie kommt zuverlässig immer wieder zustande. Sie kann stabilisieren – und sie kann ebenso isolieren und unglücklich machen. Ich hatte die gleichen Zweifel an der Familie wie die Essayistin Carolin Emcke: »Mir erschien es immer schon fragwürdig, dass ein solch komplexes Gebilde als das Selbstverständlichste von der Welt gilt, dass behauptet wird, es sei so leicht, wo es das schon für unsere Eltern und Großeltern nicht war, als gäbe es diese Geschichte der Verletzungen nicht, als gäbe es nicht all die Geheimnisse und Lügen, all die Schmerzen und Verluste, die weitergereicht werden von Generation zu Generation als eine Last, die alle niederdrückt.«

Unsere Familien waren Zellen. Aber mehr noch wie Einzeller, eine neben der anderen. Mit dicken Wänden, die einen kaum raus und viele nicht rein ließen. Besonders wenn sie klein waren und unter Druck standen. Die meisten meiner Freunde zogen sich, war ein Kind geboren, für lange Zeit in ihren Familienkokon zurück. Allein. Und kamen dann oft getrennt daraus hervor. Eher zerschmettert denn als flatternde Schmetterlinge. Denn unsere Kleinst-familien standen so irre unter Druck, dass sie reihenweise implodierten.

Der Druck: Du musst Kinder kriegen, 1,4 pro Frau reichen nun mal nicht aus für den Fortbestand unserer homogenen Gesellschaft.

Der Druck: Du musst deinen Job behalten, dein Standing, deine Figur, deine Liebesbeziehung und deine Freunde.

Der Druck: Du sollst gut drauf sein, nein: glücklich!, und nur das Allerbeste draus machen.

Der Druck: Du musst einen Kitaplatz finden und die beste Schule und das beste Essen und am Wochenende einen Picknickplatz an der Sonne.

Der Druck: Wenn du es nicht schaffst, brennst du durch und wirst ausgewechselt.

Es war zu viel verlangt und wir konnten das nicht alleine schaffen. Eine Zeit lang zählte ich die Elternpaare, die sich trennten. Dann wurde es einfacher, die zu zählen, die noch zusammen waren. Von meinen zehn engen Freundinnen waren, vierzehn Jahre, nachdem das erste Kind gekommen war, drei noch mit dem anderen Elternteil zusammen, sieben getrennt. Sieben versuchten, als es zu spät war, sich von außen Hilfe zu holen. Von professionellen Helfern, Therapeuten also. Dreimal dürfen Sie raten, welche Freundinnen das waren.

Die Anzahl der Mütter mit Erschöpfungssyndromen war in zehn Jahren um mehr als ein Drittel gestiegen, das Müttergenesungswerk bot jetzt auch Vater-Kind-Kuren an. Die Statistiker bezeichneten jede vierte Familie in unserer großen Stadt als »Ein-Eltern-Familie«. Die Soziologen hatten das mal Dyade, Zweiheit, genannt und um mich herum wimmelte es von Dyaden: lauter Mütter mit ihren Kindern. Auch ein paar Väter, aber mir fielen mehr Mütter auf, die mit ihrem einen Kind Partnerschaften lebten – und davon so absorbiert wurden, dass sie meist die Kraft, die Geduld, den Willen und die Kompromissfähigkeit nicht aufbrachten, um aus der Dyade wieder eine Triade zu machen. Oder, vielleicht noch besser, irgendeine andere Art von Gemeinschaft. Ich kannte eine einzige alleinerziehende Frau, die mit einer anderen alleinerziehenden Frau in einer Wohngemeinschaft lebte. So waren sie nicht mehr ganz allein mit der Erziehung. Warum gab es nicht mehr davon?

Warum, fragte ich mich, baten wir erst um Hilfe, wenn es zu spät war? Warum ließen wir uns nicht gleich helfen? Und warum halfen wir uns nicht gegenseitig? Stattdessen leckten meine getrennt erziehenden Freundinnen und Freunde ihre Wunden und hingen dem Glauben an, sie allein wären schuld – und das Leben in der Kleinstfamilie am schönsten. Gewesen. Warum hielten sie an einer Form der Fünfziger fest, deren Bedingungen – die Hausfrau, den Alleinverdiener – sie ablehnten? Wollten sie insgeheim gar nicht emanzipiert sein? Oder alle lieber nur die Vaterrolle? Oder beides nicht?

Manchmal musste ich an meine Großmutter und Großtanten denken. Durch den Krieg waren in der Familie meiner Mutter nur Frauen übrig geblieben, und sie blieben alle ihr Leben lang Witwen. Eine Generation von Alleinerziehenden, so neu ist das nicht. Nur machten es sich die Großmütter – und ich hatte mütterlicherseits zwei davon, weil ich die Freundin meiner Oma kurzerhand adoptierte, als die echte starb –, sie machten es sich insofern leichter, als sie sich nicht selbst die Schuld für das Unglück gaben.

Obwohl es dafür nun wirklich Gründe gegeben hätte. Die meisten von ihnen waren und blieben überzeugte Nazi-Witwen, einige lebenslänglich. Ich fragte mich, ob die ausgebliebene Selbstkritik der alten Generation wohl zu der obsessiven Selbstreflexion bei der übernächsten, also meiner, der Golf-Generation, geführt hatte. Bei mir speziell noch potenziert durch den Anspruch der Generation dazwischen, also meiner Eltern, die Welt verbessern zu müssen. Manche Therapeuten sehen das so, sagt die Autorin Susanne Bode, die Kriegskinder und deren Kinder beobachtet hat: In den Praxen säßen Menschen aus meiner Generation, die permanent um sich selbst kreisten, auf der Suche nach dem blinden Fleck, dem schweigenden Vakuum, das die Kriegsgeneration hinterlassen hatte. In der Familienaufstellung. Der Unterschied aber zwischen der Großmütter-Generation und meiner war vor allem: Sie griffen einander früher unter die Arme. Nicht nur beim heroisierten Trümmerwegräumen. Auch beim Marmelade einkochen, beim Einkaufen, Wäsche im Hof aufhängen und überhaupt, ein Leben lang.

Wir hingegen verhielten uns, als befänden wir uns in einem Wettstreit: Wer darf in Bullerbü bleiben? Wer fliegt raus? Wer ist die beste Mutti im ganzen Land? Ich beispielsweise schielte neidisch auf Freunde, die Geschwister oder Cousins hatten, die sich auch mal um ihre Kinder kümmerten wie Onkel und Tanten, die ich nur aus dem Bilderbuch kannte. Auf diejenigen, die ihre Kinder über Nacht zu den Großeltern geben konnten. Und sich keine Sorgen darum machen mussten, was wäre, wenn die mal krank und bedürftig würden – so allein, weit weg. Ich beneidete Menschen, die in ihrer Umgebung so lang schon lebten, dass sie die Gesichter um sich herum kannten, weil sie mit ihnen eine Geschichte teilten: Weil die Bürgermeisterin mit ihnen zur Schule gegangen, der Bäcker der Sohn vom Alten war und der Opa nach der Schule mit den Kindern zum Baden ging.

Stattdessen lebte ich im globalen Dorf. Wo es viele Kinder gab und viele Kitas und viele glückliche Kühe. Tür an Tür. Aber fast immer verschlossen, und dahinter die unverbindliche Einzellerfamilie. Ich wollte raus aus dieser Zelle, zusammen mit meiner kleinen Familie – sie aufreißen und frischen Wind rein bringen und rausgehen und meiner Freundin, allein mit Kind zuhaus, eine warme Suppe rüber bringen.

Mir wurde nämlich klar, dass ich mich getäuscht hatte. Nicht in anderen, meinen Freundinnen und Freunden – sondern in mir selbst. Es war, als eine meiner Freundinnen, eine Ausnahmefreundin, eine mit einer großen Familie und einer außergewöhnlich zupackenden Art, zu spät zu unserer Verabredung kam. Und zwar mit einer überraschenden Entschuldigung: Sie habe einem kranken Freund einen Tee aus der Apotheke gebracht. Ich sah sie sprachlos an und rief dann: »Du bist ja eine gute Freundin!« Eine, die da war, wenn man sie brauchte; die echt half und anpackte. Statt nur zu quasseln, so wie ich.

Ich hatte mir lange etwas darauf eingebildet, eine gute Freundin zu sein. Weil ich zuhörte, nachfragte und alles Mögliche verstand und das Unmögliche auch. Ich hielt Freundschaft für eine liebevolle Form von Therapiesitzung und schwärmte für die Definition von Roland Barthes: »Wie ein schlechter Konzertsaal ist auch der affektive Raum mit toten Winkeln durchsetzt, in die der Klang nicht mehr hineinreicht. – Ist der vollkommene Gesprächspartner, der Freund, also nicht der, der in Ihrem Umkreis die größtmögliche Resonanz schafft? Lässt sich Freundschaft nicht als ein Raum totaler Klangfülle beschreiben?«

Freundschaft, das war für mich mein Resonanzboden, es war Präsenz, Verständnis, Mitgefühl und Analyse. Ein klingender Sprechakt. Und keine Handlungsanweisung. In unseren Freundschaften wurde viel geredet. Und kaum gehandelt. Und sobald ich Taten hätte sprechen lassen können ... hatte ich irre viel zu tun, mit Job, Kindern, Mann, Eltern und anderen Freunden.

Ich ging nicht mal über die Straße, wenn meine Freundin drüben elend im Bett lag. Der Gedanke kam mir zwar, dass ich einen Tee machen könnte oder die Stirn fühlen. Doch der Gegengedanke war immer der handlungstreibende: dass die Übelkeit auch ohne mich verflöge. Ich fuhr auch nicht hin, als eine andere Freundin am Telefon weinte, weil sie sich so einsam fühlte, ohne Freunde in einer fremden Stadt. »Wir können morgen wieder telefonieren«, sagte ich, »kannst mich jederzeit anrufen!«. Wie dumm, dass ich gerade so im Stress war. Als ich später erfuhr, dass eine andere Freundin, alleinerziehend sogar, in den Zug zu ihr gestiegen war, schämte ich mich. Und dachte zur Entlastung: Hilft mir ja auch keiner.

Als meine außergewöhnliche Freundin, die auch irre viel um die Ohren hatte, mir dann einmal anbot, etwas vom Einkaufen mitzubringen, dachte ich zuerst: »Wahnsinn!« Und gleich darauf: »Was will sie dafür?« Und dann: »Sie hat das eben gelernt, sie kommt aus einer großen Familie.« Ich hingegen war mir immer selbst am nächsten gewesen. Der Preis für meinen Wohlstand und meine Unabhängigkeit war, dass ich Nehmen und Geben verlernt hatte. Ich sagte: »Ich schaff das schon alleine!« Und wollte glauben, die anderen dann auch. Das war unsere Art von Gegenseitigkeit.

Ich konnte nicht um Hilfe fragen. Wenn überhaupt, bot ich sie lieber an. An Freundinnen, die sie zumeist auch ablehnten. Weil wir alle glaubten, es nicht alleine zu schaffen ... ein Eingeständnis von Schwäche? Nein, genau genommen war es nicht Schwäche, sondern Ablehnung. Weil ich fürchtete, wenn ich Hilfe von jemandem annähme (ohne ihn dafür zu entschädigen), würde ich mich in Abhängigkeit begeben. Denn wenn ich nehme, dachte ich, müsste ich etwas zurückgeben – und das könnte mich überfordern. Weil ich dafür keine Kapazitäten frei hatte. Kleine Hilfen umsonst waren in meinem täglichen Budget nicht eingeplant. Meine Zeit war durchgetaktet, von morgens zwanzig vor sieben bis abends halb elf. Ich musste produktiv und effizient sein und sollte dann auch noch das Kind von jemand anderem hüten, der alten Frau im ersten Stock die Treppe runterhelfen oder, Gott behüte, beim Umzug der Freundin mitschleppen?! Das ginge ja alles von meinem Zeitkonto ab. Und am Ende wäre ich erledigt, noch mehr als sowieso schon.

Unser System, unser Viertel, unsere Gemeinschaft, Gesellschaft, Nachbarschaft und sogar unsere Freundschaften basierten auf Unverbindlichkeit. Die war uns allen gemein. Wir hatten viele Kontakte. Aber bitte recht unverbindlich, lass uns nochmal telefonieren und ich glaub', ich kann da nicht und machs's gut, viel Erfolg, aber lass uns mal wieder Kaffee trinken gehen!

Wenn einer keinen Bock mehr hatte, meldete er sich einfach nicht mehr. Meine ungetauften Kinder hatten vier

Paten, weil wir die Idee vom Paten schön fanden. Dass da noch jemand wäre, der das Kind beim Großwerden begleitete. Zwei von den vier Paten sahen meine Söhne nach ihrem ersten Geburtstag nicht wieder. Ich war mir nicht mal sicher, ob sie sich erinnerten, jemals Paten gewesen zu sein. Aber ich hatte es ja auch nicht wirklich ernst gemeint.

Ich hatte also Nachholbedarf in diesen Dingen, ich hatte zu lernen. Ich lernte von meiner außergewöhnlichen Freundin. Ich lernte, das war auffällig, von Freunden, die »im Osten« sozialisiert worden waren. Die in der DDR, Ungarn oder Russland Aufgewachsenen zeichnete fast ausnahmslos aus: ihre Anteil nehmenden, regelmäßigen Nachfragen zum Wohlergehen, flankiert von festem Händedruck. Als hätte der Sozialismus doch ein paar Vorzüge gehabt. Und ich lernte von den Alten. In unserem Haus wohnte ein Paar, seit fünfzig Jahren schon, sie waren beide über achtzig. Sie war sehr klein, hatte eine frivole Locke über ihren wachen Augen und träumte davon, noch einmal Walzer zu tanzen. Bewegen konnte sie sich kaum noch, sie war ein Häuflein Mensch. Und als sie einmal, mit zitternden Knien, auf dem Treppenabsatz stand und sich fürchtete zu fallen, da kam unser Nachbarsfreund, ein Ossi, gerade von oben herunter. Er war groß und stark und jung wie wir, und er lachte die alte Frau an und hob sie hoch und trug sie über die Schwellen ihrer Angst die Treppe hinunter.

Was mich am meisten erstaunte, war nicht, dass dieses Paar immer wieder von diesem Ereignis erzählte, er grinste dabei so, dass seine buschigen Brauen sprangen, und sie kicherte. Sondern dass sie auf meine Erwiderung, mein Freund sei doch auch jung und stark und im Haus, wenn er gebraucht würde – eingingen. Immer wieder. Dann klingelte unser Festnetztelefon, was es sonst fast nie tat, und sie sagte, sie müsse zum Friseur oder zum Arzt, nächste Woche Dienstag um zehn Uhr, und ob mein Freund sie die Treppe hinunter und wieder herauftragen könne? In unserem Familienkalender stand dann zwischen Fußball-training, Kindergeburtstagen, Reisen nach München oder Marokko: Frau R.! Das ging eine Weile so, dann konnte sie das Haus nicht mehr verlassen. Und man sah sich nur noch auf der Türschwelle, wenn Herr R. wieder ein Päck-chen für uns in Empfang genommen hatte. Es waren viele, denn in unserer Straße wurde so viel online bestellt, dass die Paketboten Sonderschichten bekamen. Herr R. nahm sie alle an. Und schien sich zu freuen, wenn es dadurch zu einem Plausch kam. Dann schäkerten wir ein bisschen.

Doch ich war immer in Eile. Einmal luden sie uns zu Kaf-fee und Kuchen ein, und ein Gläschen Sekt gab es auch. Wir plauderten, sie waren sehr wissbegierig. Sie konnten lachen über die Menschen und über sich selbst, und sie beherrsch-ten eine Fertigkeit, die in unseren Kreisen sehr selten gewor-den war: die Konversation. Nicht Smalltalk – Konversation. Das bedeutet Nachfragen und Erzählen können, ehrliches Interesse, unangestrengtes Schwanken zwischen Charme und Tiefgang, sich Gesagtes merken. Anteilnahme. Verbind-lichkeit. Eleganz. Herr R. trug stets frisches Rasierwasser über dem von ihm selbst gebügelten Hemd, er tischte seiner Frau ihren geliebten Kirschstreusel auf, und wenn er sie morgens anzog, damit sie so den Tag in ihrem Sessel ver-brächte, steckte er ihr eine Brosche ans Strickjäckchen.

Das rührte mich. Tief. Ich dachte an meine Eltern, fern von mir – und auch allein? Ich versuchte, meine Jungs dazu zu bringen, Frau R. in ihrem Sessel die Hand zu geben. Sie fürchteten sich vor ihrem Alter, sie registrierten die welke Haut, die knöchernen Finger, das Häuflein Mensch. Aber Frau R. klatschte lachend in die Hände und rief, wie schön das gewesen sei, als die beiden noch jeden Morgen auf dem Weg zur Kita die Treppen heruntergesprungen seien. Dass es so laut krachte, dass ich sie ermahnte: »Die Nachbarn!« Für Frau R. aber war es der Einbruch des Lebens gewesen, und das war gut.

Eines Tages erzählte mein Freund betreten, Herr R. habe sich beschwert: Wir hätten so lange nichts von uns hören lassen. Ob wir nicht mal wieder zum Kaffeetrinken kommen könnten? Seine Frau würde sich freuen.

Im Laufe der Jahre hatte ich öfter ein Gefühl von Scham empfunden. Wenn ich mich beobachtet fühlte, von der Frau, die unser Haus und unser Innerstes kannte, weil sie bei uns putzte. Von dem Jungen, der wusste, dass die anderen ihn für Abschaum hielten und der diese Wut empfand. Von Menschen, die um ihre Musik und ihren Alltag kämpften mit Transparenten. Von meiner Freundin, die mir zu verstehen gab, in welchem Ton ich mit meinen Liebsten sprach. Von meinen Eltern.

Ich fühlte mich schlecht. Beschämt zu sein, dieses Gefühl hatte sich geändert. Früher war es mir besser gelungen, es zu verdrängen, nach außen, und mich, nachdem ich mich über die empört hatte, die mich beschämten, abzuwenden. Doch dann nahm ich dieses Gefühl als Indikator an. Ich schämte mich, wenn ich mich erkannt wusste. In etwas, einer Eigenart, einer Verhaltensweise – die mir selbst nicht gefiel. Es tat weh, aber ich wusste, dass ich mir eingestehen musste: Du verhältst dich falsch und du musst das ändern.

Ich glaube, mein Instinkt war zunehmend geschärft worden, das Bauchgefühl. Ich konnte mich, das war immer deutlicher geworden, im Älterwerden auf mein Bauchgefühl verlassen. Ich sollte nicht darüber hinwegsehen. Das wurde mir zunehmend bewusst. Es lag also nicht nur an meinem Kopf, der dachte: »Ich will raus hier!« Es war ein instinktives Gefühl, wenn ich mich schämte oder wenn ich auf einen Menschen zugehen wollte, um ihn in die Arme zu nehmen.

Ich hatte existenzielle Erfahrungen gemacht: die Geburten und den beinahe tödlichen Unfall meines Kindes. Ich war durchlässiger geworden, meine Haut war dünn geworden und ja, manchmal spürte ich mein Herz. Wie es sich auftat. Echt. Alles, nein, nicht alles: Das Wesentliche schien mir näher zu kommen. Ich wurde anfällig. Für Schmerz, für Leid, für die Gefühle der anderen. Vor allem die der anderen, wohingegen ich meine eigenen immer mehr deckelte. Bestimmt lag es auch daran, dass ich als Mutter köperlicher werden musste: Die Geburten, das Stillen, Popos ab- und Kinderkotze aufwischen. Und Blut, Wunden, Nähte und Narben. Ich verlor die Angst vor Berührungen.

Wenn man sich öffnet und traut, Menschen nahe zu kommen, spürt man, wie sie fühlen. Und nimmt eine Verbindung auf. Anders als in einer körperlosen Welt, die man vom Sofa aus in der Ferne betrachtet. Oder vom Kontrollzentrum für Drohnen.

Wer in Not ist, hilft anderen. Und ich hatte Hilfe nötig. Ich musste lernen zu nehmen. Und zu geben. Anzupacken. Und ich wollte die Klasse von Kontakten – Freunde, Nachbarn, Menschen –, die nah kommen können, wenn sie da sein sollen. Ich wollte ganz dringend mehr Einfühlungsvermögen und Gemeinsinn – und die Verbindlichkeit, die ergab sich daraus ganz von selbst. Ich wollte raus aus der Zelle.

RAUS AUS DEM DRILL
Kinder: Keine Roboter

Kinder sind in unserer Gesellschaft alles andere als selbstverständlich. Unser Umgang mit ihnen ist nicht natürlich, sondern hysterisch. Entweder springen wir um sie herum wie um das goldene Kalb. Oder sie nerven uns. Es ist, als hielten sie uns von unserem Ziel ab: Mit ihnen als Klotz am Bein kann man nicht die Schnellste, Schlaueste, Schickste sein und Chef(in) auch nicht. Sie sind hinderlich.

Also mussten wir sie dazu bringen, sich möglichst schnell anzupassen, in der Schule, im Sport, im Leben und zu Hause natürlich auch. In der Schule sprach man nicht mehr von guten Schülern, man hatte einen politisch korrekten Begriff ersonnen, der konform ging mit der zeitgemäßen Ideologie: Gute Schüler waren leistungsstarke Schüler, schlechte eher leistungsschwächer. Eine Bestatterin erzählte, neben den Särgen von Kindern würden manchmal deren Pokale und Medaillen aufgebahrt. Keine Frage: Auch die Kinder waren auf ihre Leistungen sicher stolz gewesen.

Wenn die Kinder nervten, ließen wir sie das spüren. Eines Tages, meine Kinder waren wohl zwei und vier, sagte meine Mutter zu mir: »Bist du eigentlich glücklich mit deinen Kindern?« Ich dachte: »Ja klar. Aber gerade so müde.« Und fragte entsetzt: »Wie kommst du auf die Frage?«

Jahre später verstand ich, wie sie darauf gekommen war. Ich beobachtete es. An anderen jungen Eltern. Sie sahen die meiste Zeit so aus, wie ich damals gewirkt haben muss.

Angespannt. Genervt. Unzufrieden. Ich fragte mich, ob meine Kinder mich auch so sahen?

Das Schlimmste an mir war mein Ton. Und dass ich ihn selbst nicht hören konnte. Im doppelten Sinn: nicht wahrnehmen – und wenn, dann: nicht ertragen. Wenn ich erschöpft und unter Druck war, sprach ich in diesem Ton grässlicher Gereiztheit. Mit den Menschen, die ich liebte. Zu den anderen war ich Zucker. Aber die mir nah waren, bekamen alles ab. Doch ich hörte mich selbst nicht reden. War erstaunt, nein empört, wenn man mich darauf hinwies. Man – das war der Mann an meiner Seite, das waren meine Eltern und meine älteste Freundin. Ich war völlig von den Socken, wenn sie sagten: »Was hast du für einen schrecklichen Ton!?« – Denn ich nahm ihn nicht wahr. Nur an anderen. Und das waren, mit einer Ausnahme, immer die Frauen. Wir Frauen, die alles wuppten und alles schön und perfekt machen wollten – und manche sogar alles »richtig«, also fehlerfrei. Meine Freundinnen. Wir hatten einen Ton, unseren Männern, Müttern und Kindern gegenüber, dass man die Flucht ergreifen wollte: gereizt, gouvernantenhaft, hässlich.

Einmal wurde ich im Beisein meiner Kinder gefragt: »Was finden deine Kinder richtig blöd an dir?«

Der Kleine sagte: »Wenn du rumbrüllst.«

Der Große: »Ich auch.«

Die Mutter: »Ich auch.«

Und im nächsten Atemzug erwiderte ich auf die Frage, was das Schönste sei am Leben mit Kindern, ohne nachdenken zu müssen: »Das Leben.« – Was, wenn meine Kinder als Erwachsene mal schreiben würden: Unsere Mutter war dauernd gestresst und konnte uns leider nicht zeigen, dass sie uns liebt?

Mit Abstand sieht man deutlicher, was schiefläuft. Den Abstand fand ich mit der Zeit sogar manchmal zu mir selbst – und ich tat mir aufrichtig leid. Immerhin. Es war ein Schritt der Erkenntnis und viele Schritte der Erfahrung. Denn als Mutter wird man nicht geboren, zur Mutter muss man werden. Geduld und Grenzen sind Erfahrungssache und als ich mit 34 zum ersten Mal für Kinder verantwortlich war, war ich Anfängerin. Es dauerte, bis ich mich als Mutter gut finden konnte.

Beispielsweise sah ich ein Abbild meiner selbst als junger Mutter Jahre später im Gartencenter wieder. Ich stand da – mittlerweile waren meine Jungs so alt, dass ich sie daheim alleine lassen konnte – und sah diese junge Mutter an mir vorbeirasen. Die ich mal gewesen war. Sie trug ein Baby auf dem Bauch, es war drei Monate alt und wog bestimmt sechs Kilo. Sie schob eine Schubkarre, darin wackelten Steigen von Blumen und Kräutern. Da hörte man ein Weinen: Am Ende des Gangs stand ihr großer Sohn, zweieinhalb war er, neben der zweiten Schubkarre. Da hinein hatte sie – Baby auf dem Bauch, Rucksack auf dem Rücken – zwei Säcke mit Erde gewuchtet. Sie bückte sich, um die Schubkarre abzustellen, wobei sie mit der einen Hand das Babyköpfchen stützte und mit dem Knie die schlingernde Karre. Sie hatte Schweiß auf der Stirn, lächelte aber fleißig, denn sie war sich ihrer Schuld bewusst, das sah man ihr an: Die Aktion mit dem Gartencenter war sicher ihre Idee gewesen – ihrem Freund waren Blumen wurscht. Also war sie alleine losgefahren, zwischen zwei Stillsitzungen. Dann schaffte sie, etappenweise, die Schubkarren und die Kinder zur Kasse, stopfte sie ins Auto, so stellte ich es mir vor, chauffierte sie eine halbe Stunde durch die Rush Hour, parierte Durst, Hunger, Wann-sind-wir-daheim?, wuchtete Kinder und Pflanzen zur Haustür, klingelte den Vater runter, damit er hülfe, alles in den fünften Stock zu schleppen. Und buddelte schnell noch alles ein. Schon nach dem dritten Blumenkasten tat der Rücken weh, aber sie grub weiter, sieben Kästen und neun Töpfe, während der Mann auf dem Sofa saß und von der Zeitung hochblickte, um zu sagen: »Warum tust du dir das an?« Da schoss ihr das Blut ins Gesicht, vor Neid und vor Zorn, und sie zeterte und keifte. Und fiel dann mit den Kindern ins Bett.

»Arme Frau!«, dachte ich jetzt, als ich diese Mutter beobachtete, die ich auch mal gewesen war, »du arme, gestresste, gereizte, überforderte Frau! Mach doch mal halblang!«.

Ich hatte mich in dem Gewächshaus nicht zum ersten Mal erkannt. Ich sah mich öfter in der Vergangenheit: Wie ich allein mit den Kleinkindern übers Wochenende zum Zelten in die Pampa gefahren war. Wie ich im ersten Jahr nach der Geburt meines zweiten Kindes Bücher für den Lebensunterhalt geschrieben hatte, aber nicht eines, sondern zwei. Wie ich andauernd Kuchen gebacken hatte, weil man das als Mutter so macht.

Heute sah ich mir fassungslos diese junge Mutter an – die ich gewesen war. Aus der Distanz. Du bist mir nicht fremd, dachte ich, ich versteh dich schon. Und trotzdem rutschte mir eines Tages der Satz raus, den Männer sagen und Mütter und ältere Freundinnen. All die Leute, von denen ich geglaubt hatte, dass sie nicht den leisesten Peil von den Belastungen meines Alltags hätten. Ich saß mit einer Freundin in der Kneipe, auch sie verhedderte sich in

Gartencenter-Problemen. Nicht alle meine Freundinnen konnten sich diese Luxusprobleme leisten. Am Anschlag waren wir aber trotzdem, fast alle. Es war halb zehn, beim Sprechen fielen meiner Freundin die Augen zu. Es war ihr unangenehm, aber sie wollte endlich mal wieder ausgehen. Ihr Sohn war krank und nicht in der Schule, ihre kleine Tochter wachte nachts viermal auf, aber als gute Mutter war sie trotzdem morgens in einen Stoffladen gefahren, um Kinderschürzen und eine Tischdecke zu nähen, dann mit dem Sohn zum Arzt, als die Kinder schliefen, hatte sie ein bisschen gearbeitet, dann Kuchen gebacken und Abendessen gekocht, dann geputzt. Gegen den Staub, wegen des Asthmas, das kam jetzt immer häufiger. Und schließlich sagte sie, mit breitestem Rama-Lächeln: »Und morgen kochen wir Marmelade!«

Da legte ich meine Hand auf ihre und blickte ihr in die Augen. Ich hätte sie gern in den Arm genommen. Doch ich wusste ja, dass starke Schultern schwach machen: Es könnten sich die Schleusen öffnen. Also nahm ich nur ihre Hand und hielt sie, als könnte ich sie aus dem Strudel ziehen, und sagte: »Warum setzt du dich eigentlich so unter Druck?« Da hatte meine Freundin, mein Alter Ego, einen schwachen Moment und flüsterte: »Meinst du, das ist zu viel?«

Mittlerweile verstand ich, warum sich manche Frauen das nicht antun und keine Kinder wollen. Und ich bewunderte die Mütter, die mal halblang und nicht alles perfekt machten. Ich bewunderte sie für ihr Selbstbewusstsein. Sie konnten dem Druck widerstehen, der Welt und sich selbst beweisen zu müssen, dass sie alles packen. Als müssten sie um den Preis für die Supermutter konkurrieren, Spieglein, Spieglein an der Wand.

Weil ich selbst eine Frau und Mutter bin und mich mit Frauenbildern auseinandersetze, hatte ich, wenn ich an gelungene Erziehung dachte, zwei Kinder weiblichen Geschlechts vor Augen: die Perfekte und die Lässige. Man kann sie schon als junge Mädchen erkennen und erraten, wie sie als Frau sein werden. Der Perfekten saß ich mal ein paar Stunden im Zug gegenüber. Es war ein Mädchen von 15 Jahren, sie hatte lange blonde Haare, rote Wangen und erlesenen Geschmack. Sie trug dezente Großstadtklamotten, sie aß kein Fleisch, sondern Sojawürstchen und Obst und Gemüse. Sie sah nicht aus wie ein Roboter, sondern anmutig. Sie überlegte mit ihrer Freundin, was sie nach der Schule für eine Ausbildung machen sollte. Was genau es war, weiß ich nicht mehr, so sehr war ich gebannt von ihren Überlegungen, die durchdrungen waren von Pragmatismus, Nachhaltigkeit und Freundlichkeit. Sie sprachen nicht über Jungs, nicht über Schminke, nicht über Partys und schon gar nicht über Drogen. Sondern über Studiengänge und Ausbildungszeiten und hin und wieder reichte die Perfekte ihren kleinen Geschwistern Apfelschnitze. Fünf Stunden ging das so. Es war betörend.

Und ich dachte: Hoffentlich werden meine nicht so! So brav, vorhersehbar und steuerbar, so leistungsstark und langweilig und angepasst. Bitte, dachte ich, bleibt eigensinnig und schwierig, widerspenstig und anstrengend – damit wir uns mit euch auseinandersetzen müssen. Mit eurer Energie und euren Ideen. Und eurem Nicht-Mitmachen. Die Tochter eines Kollegen hatte zwei Klassen übersprungen und war dann nach dem Abitur, mit 16, aus freien Stücken zum Studieren nach Oxford gegangen. Etwas anderes fiel ihr nicht ein. Ihr Vater sagte, das Verrückteste der Gefühle sei für sie, mit ihrer Freundin in die nächste Mall zu gehen und dort ein Eis zu essen. Er staunte selbst.

Das Gegenbild zur Perfekten ist für mich die Lässige, ebenfalls unschwer erkennbar: Sie war fünf Jahre alt und hatte von ihrer Mutter diese Eigenschaft mitbekommen, die ich gern in Dosen an uns Frauen verteilen würde. Wir spielten miteinander, ein Brettspiel, man sollte Förmchen in Löcher stecken. Das Ding funktionierte schwer und die Kleine bekam es nicht in den Griff. Sie probierte es ein paarmal und ich erwartete, dass sie es nun so lange bearbeiten würde, bis sie in Tränen ausbräche. Aber sie ließ es plötzlich auf ihren Schoß sinken, sah mich mit breitem Lachen an und sagte: »Ach, is' doch egal.«

Dieses »Ach, is' doch egal« war ein Satz, der einer sich selbst optimierenden Perfektionistin niemals über die Lippe käme. Es war Verzicht auf den Anspruch, vor allem für und von Frauen: »Ich schaffe alles, was ich mir vornehme!« Dieses »Ach, is' doch egal« ging mir runter wie Butter und ich wiederholte es. Is' doch egal. Is' doch egal. Is' doch egal. Ja, verdammt, es gab Wichtigeres als Frickeleien mit lustiger Leistungsmotivation und super Lerneffekt. Zum Beispiel: den Ton. Die Musik. Kuscheln. Verstehen. Muße. Freie Zeit. Keinen Plan haben. Einfach nur rumhängen. Auf verrückte Ideen kommen. Den Kopf hängen lassen und von unten drauf schaun. Albern sein. Anderen wahnsinnig auf den Wecker gehen. Widersprechen. Nerven. Zeit haben. Für so'n Scheiß. Worte finden für seine Gefühle oder Töne, Farben, Bewegungen. Seinen Körper lieben und sich um ihn sorgen. Keine Angst haben und offene Augen. Kind sein und nicht mit fünf schon zukünftiger Business-School-Aspirant. *Nicht* dieses zeitgemäße Menschenbild, das man in einem Dialog zwischen einem erfolgreichen Leistungssportler und seinem erstaunten Imitator belauschen konnte:

Daniel Brühl: »Aber deswegen ist Niki so erfolgreich, mit allem, als Fahrer, als Geschäftsmann, als Pilot, das kommt ja auch im Film klar raus, wie er auf Kleinigkeiten achtet ...«

Niki Lauda: »Genau.«

Brühl: »... wie fokussiert ...«

Lauda: »Genau.«

Brühl: »... und diszipliniert er ist.«

Lauda: »Genau, genau.«

Brühl: »So muss man wohl sein, wenn man auf lange Sicht so erfolgreich sein will.«

Fragesteller: »Andere haben den Stress, die Todesangst, den Kampf um Titel mit wilden Partys ausgeglichen.«

Brühl: »Ja! Wenn man sich vorstellt, James Hunt hat dann vor den Rennen noch einen gekifft oder Whiskey getrunken, das ist für mich der blanke Wahnsinn. So gesehen, warst du, Niki, ja der modernste Fahrer, du hast nie über die Stränge geschlagen.«

Was lehrt uns das? Die Gesellschaft erzieht sich die Menschen, die sie braucht. Damit alles wie geschmiert funktioniert. Und wir rasen mit, total fokussiert. Vor allem in der Schule. Die der Neurobiologe und Psychiater Joachim Bauer als »Trimm-Einrichtungen« bezeichnet. Er forscht zu dem veralteten Konzept der »Muße« im schulischen Kontext und sagt: »Im Grunde müssen wir die Schulen gegen den Druck des kapitalistischen Verwertungsgeschäftes verteidigen.« Das hat auch eine Lehrerin in der Grundschule meiner Kinder versucht. Sie wollte ihre Kinder anders unterrichten als es die meiste Zeit geschah. Der Lehrplan ermöglichte es sogar: Einige Kinder waren fünf, andere sieben Jahre alt, sie lernten in dem ihnen eigenen Tempo und die Großen halfen den Kleinen und lernten so den Stoff besser zu verstehen und Verantwortung, Teamgeist und Empathie.

Einmal standen mein Kleiner und sein Freund vor dem Spiegel. Mein Kleiner ist einen Kopf kleiner als sein Freund und ein Jahr jünger, obwohl sie in derselben Klasse sind. Und wie sie vor dem Spiegel standen, wirkte das fast ein bisschen wie im Zerrspiegel, der Lange und der Kurze. Sie posierten wie für ein Hochzeitsbild, steif und gerade, und dann brachen sie in wildes Gelächter aus: Weil sie so unterschiedlich waren.

Die Kinder lernten, sich selbst und die anderen zu schätzen und wenn sie sich gegenseitig einschätzten, dann lernten sie, zuerst das Gute zu finden und dann das, was sie noch zu lernen hatten. Fehler galten als etwas, was der Mensch nun mal machen muss, um zu lernen. Die Kinder lernten sich zu helfen und in die Klasse der Lehrerin wurden dann immer öfter mal die schwierigen Kinder gebracht. Weil sie Zuwendung bekamen und vor allem: Verantwortung zu übernehmen lernten. Die Widerspenstigsten wurden zu Assistenten gemacht. Sie blühten auf, sie blickten einen plötzlich an. So ähnlich wie der Junge, dem mit dreiundzwanzig noch keiner zugehört hatte. Doch wenn diese Kinder danach in eine normale Klasse kamen, fielen sie meistens wieder in sich zusammen. Die anderen Lehrerinnen nahmen sich nicht die Zeit, um sich um jeden angemessen zu kümmern – es kostete einfach zu viel. Zeit. Denn es gab zu wenige Lehrer. Und viele Eltern, die Schule so haben wollten, wie sie immer schon war: systemkonform und leistungsorientiert.

Kinder kosten mehr Zeit als Geld. Manchen Menschen muss man das sagen, sie scheinen es vergessen zu haben. Sie sagen: Kinder sind mir zu teuer, und rechnen auf, dass sie bis zum achtzehnten Lebensjahr 120.000 Euro kosten. Sie finden, für Kinder müsse man belohnt und entschädigt werden, beispielsweise mit Herdprämien.

Dabei haben wir alle – Mütter und Väter, Erzieherinnen und Lehrer und Großeltern – einfach kaum Zeit. Sondern Stress. Ich musste Geld machen, ich musste am Ball bleiben, vor allem an dem der Erwachsenen. Geldverdienen ging auch bei mir immer vor Fußballspielen. Dabei war ich privilegiert, ich hätte relativ frei über meine Zeit verfügen können. Aber spielend verdiente ich auch kein Geld. Wurde aber, zu Recht, beneidet von den Freundinnen und Freunden, die ihre Kinder zehn, zwölf Stunden am Tag nicht sahen. Auch diese Kinder wurden dann so beschäftigt, dass man sich mit ihnen kaum zum »freien Spiel« verabreden konnte. Freies Spiel – ein Begriff, der einigen Eltern schon in der Kita aufstieß. Die Erzieherinnen beharrten darauf, dass die Kinder täglich auch ein bisschen für sich spielen sollten. Es war ihre Freizeit. Einige Eltern verdächtigten darauf die Erzieherinnen, nur ihre Ruhe haben zu wollen, um zum Beispiel eine zu rauchen. Anstatt mit den Kindern »proaktiv« zu arbeiten. Aus dieser Haltung erklärt sich der Erfolg des Pädagogen Jesper Juul, der uns gestressten Eltern Banalitäten erklären muss: »Was uns so anstrengt, ist ja diese Verpflichtung zu erziehen, dabei kann ich mir auch vornehmen, meine Kinder in den kommenden Wochen einfach zu genießen.« Dafür hatten wir keine Muße. Wer Geld machte, hatte keine Zeit. Und umgekehrt. Die Zeit hatten, mussten die Großmutter um Geld für die Schulbücher bitten.

Die außergewöhnliche Lehrerin wurde von den Kindern und Eltern auch außergewöhnlich geschätzt. Das brachte ihre Kolleginnen gegen sie auf. Und den Rektor. Sie war unbequem. Sie fühlte sich von ihm ignoriert. Vier Jahre nachdem sie angefangen hatte zu unterrichten, hatte die Lehrerin ihren ersten Burn-out, dann den zweiten, dann den dritten und dann blieb sie viele Monate in einer Therapie. Schließlich wollten nur noch wenige in ihre Klasse. Weil sie so oft krank war. Sie hatte sich verausgabt. Sie war erledigt. Sie hatte versucht, ihre Kinder zu empathischen, kooperativen und starken Persönlichkeiten zu erziehen. Sie gab ihnen klare Regeln und strenge Worte, wenn es sein musste. Die Kinder lernten lesen, schreiben, rechnen – und gute Typen zu sein. Liebevoll und selbstironisch, unter Anerkennung ihrer Unterschiedlichkeit. Sie lernten sogar, sich den Rücken zu massieren, wenn sie nach Stunden des Sitzens schwach wurden.

Vielleicht reichten die zwei Jahre dieser Erziehung für manche sogar aus, eine Eigenschaft zu entwickeln, die ihnen ihr ganzes Leben lang helfen könnte: Widerstandskraft. Wissenschaftler bezeichnen sie neuerdings als Resilienz und staunen, weshalb manche Menschen so viel stabiler, vitaler und positiver durch widrige Umstände kommen als andere. Die Persönlichkeit ist entscheidend. Sie wird einem mitgegeben, durch Gene – aber auch durch Erfahrungen. Und wenn man Glück im Unglück hat, reicht manchmal eine einzige Person: die einem als Kind Vertrauen schenkt, ins Leben.

Indem man einen Menschen unter Hochdruck mit Wissen und Fertigkeiten vollstopft, entsteht keine stimmige und starke Person, befähigt heraus zu finden, was ihr angemessen ist und sie zufrieden, vielleicht sogar glücklich, machen könnte. Sondern es entsteht ein funktionierender Leistungs- und Systemträger.

Zu Beginn meines Studiums heftete ich das Zitat des kenianischen Schriftstellers Ngugi wa Thiong'o an meine Zimmerwand, der gesagt hatte, wir Weißen hätten unser Wissen nur aus Büchern und nicht aus dem Leben. Der Satz war wie die meisten guten Gedichte, er zog mich an wie ein Geheimnis, das ich nicht wirklich verstand. Auch ich hatte von meinen gebildeten Eltern sehr viel Wissen aus Büchern mitbekommen. Und brauchte viele Jahre, um diesen Schatz mit meinen Erfahrungen aufzuwiegen. So ähnlich wie im Chemie-Unterricht: Weil wir nicht genug Zeit hatten, ließ man die Experimente sausen und uns nur die Formeln pauken. Ich verstand nicht mal, wofür die Striche zwischen den Buchstaben standen.

In der dritten Klasse bekam mein Großer eine Lehrerin, von der er selbst sagte, ihre Art zu unterrichten sei »aus dem 17. Jahrhundert«, er sah sie geradezu den Stock schwingen. Die meisten Kinder verließen die Grundschule dann vorzeitig: nach der vierten statt nach der sechsten Klasse. Weil die Eltern fürchteten, sie könnten den Anschluss verpassen. An die höhere Schule, die höhere Bildung, den höheren Abschluss, den höheren Leistungs- und Kontostand. Mit sieben Jahren ist das Leben vorgezeichnet. Nicht weil die Persönlichkeit dann schon entwickelt wäre. Sie ist ein Leben lang beweglich. Sondern weil die Weichen gestellt wurden. Nicht nur von den Schulen, auch von den Eltern. Manchmal vorsätzlich, manchmal unfreiwillig. Manche Kinder hatten schon, bevor sie zu unseren Kindern in die Schule kamen, den Anschluss verpasst. Und holten ihn nie mehr auf. Weil sie nicht mitkamen – und nicht mitgenommen wurden. Wegen ihrer Herkunft.

Später, auf der weiterführenden Schule, wunderte sich mein Großer, dass er seinen Mitschülern Aufgaben nicht erklären durfte, er hatte das so gelernt. Und dass es vor allem Mädchen gab, die bei einer Zwei in Tränen ausbrachen. Eine Lehrerin sagte, mit aufforderndem Blick, zum Notendurchschnitt unseres Großen: Da sei noch Spielraum nach oben. Er hatte, wie wir fanden, gute Noten. Ganz von selbst. Und dann wochenlang Bauchweh, weil er fürchtete, nicht weiterzukommen. In der Schule. Im Leben. Wir fragten uns, was haben wir falsch gemacht?

Als sie es im Abitur – in der besten Klasse, die ihre Schule je gehabt hatte – nicht auf einen glatten Einser-Schnitt schaffte, fiel mir unser Nachbarmädchen schluchzend in die Arme. Sie habe, meinte sie, in Deutsch und Geschichte zu oft widersprochen. Was sollte jetzt aus ihr werden? Das Studium schien ihr nicht machbar, das Leben verpfuscht. Mit siebzehn. Es blieben also noch dreiundachtzig Jahre im Mittelmaß, wenn nicht gar im Abseits. So alt werden die um 2000 Geborenen statistisch berechnet.

Warum pressen wir alle existenziellen Entscheidungen – Schule, Beruf, Partnerschaft – in das erste Drittel unseres Lebens, obwohl wir wissen, dass sie allein uns nicht bis zum Ende tragen werden können?

In der höheren Schule saßen im Klassenraum des Großen 32 Kinder. So viele wie in der Klasse seines Großvaters vor siebzig Jahren. Da war Krieg. Jetzt lebten wir in einer

»Wissensgesellschaft«, die behauptete, sich etwas aus Bildung zu machen. Aus welcher? Einser-, Allgemein- oder Charakterbildung? Mein Großer klagte mit elf, er habe nicht mehr genug Zeit für sich. Der Vater der Oxford-Studentin sagte, sein Sohn sei wie die Tochter. Der Vorteil an diesem Coming of Age sei: Man müsse sich als Eltern zumindest keine Sorgen machen – dass den Kindern draußen etwas zustoße. Sie hätten ja kaum Freizeit. Und wenn, säße sein Sohn am Schreibtisch oder vor dem Bildschirm.

Die meiste Kraft kostete mich als Mutter nicht das Lernen, Üben und Pauken mit unseren Kindern. Sondern die Wellen der Hysterie abzuwehren, die mich mitzureißen drohten. Weg von unserer Überzeugung, dass mit unserem Rückhalt schon was aus unseren Kindern werden würde. Sollten wir auch die Schule wechseln? Sollten wir auch auf ein Elite-Gymnasium? Sollten unsere Kinder auch alle Kursangebote nutzen, bis vier in der Schule bleiben und danach zum Klavier, zum Tennis, zum Karate und zur musikalischen Früherziehung und warum haben wir es nur versäumt, sie in eine englische Schule zu schicken und mit ihnen spanisch zu sprechen, dann könnten sie das jetzt schon!

Noch mehr Vorwürfe machte ich mir aber, dass es mir nicht gelang, meine Söhne in den Haushalt einzubinden. Praktische Fertigkeiten wie Spülmaschine ausräumen, Müll runterbringen, Wäsche waschen, Nagel einschlagen, Platten flicken oder einfach am Ende des Tages die Zähne richtig zu putzen und die eigenen Klamotten hinzulegen statt sie vor dem Bett abzustreifen. Warum liefen wir den Kindern hinterher anstatt sie zu unabhängigen, selbständigen Personen zu machen? Warum bekamen wir emanzipierten Feministinnen und ihre wohlwollenden Partner nicht mal das gebacken? Weil, sagten einige, die Welt da draußen hart genug ist, da verwöhnen wir sie hier drin so lang es geht. – Weil, dachte ich, mir die Zeit und die Geduld fehlten, ihnen zu zeigen, wie man die Spülmaschine einräumte, die Wäsche faltete und die Zähne putzte. Zum ersten, zum zweiten und zum vierhundertsiebenundzwanzigsten Mal. Da machten wir es lieber rasch selbst.

Wie so viele andere Dinge. Die einzuüben wichtig wären. Verabredungen selbst absagen, Geschenke selbst aussuchen, fremde Leute selbst nach dem Weg fragen, Landkarten lesen und sich in der Welt orientieren. Verlässlichkeit lernen, Mut und Standfestigkeit. Einfallsreichtum und Humor und Liebe. Auch mal verzichten können, verbindlich sein und Verantwortung übernehmen. Und nicht permanent nach dem anderen schielen, der mehr hat, bessere Noten und vielleicht eine schlechte Meinung von mir.

Doch ich war selbst zu zerstreut und ferngesteuert, als dass ich meinen Kindern ein Vorbild in konzentrierter Achtsamkeit hätte sein können. Als sie älter wurden, ahmten sie ihren Vater nach, wie er auf sein Handy starrte.

Der Soziologe Heinz Bude sagt, wir leben in einer Gesellschaft der Angst, weil wir uns kein gutes Selbstbild aneignen. Jeder Einzelne würde sich unablässig mit den anderen um ihn herum vergleichen. Indem ich das tue, lasse ich die anderen über meine Befindlichkeit entscheiden, denn: »Der außengeleitete Charakter fühlt sich abhängig vom Urteilsspruch der Altersgenossen, er verbündet sich mit den modischen Trends und herrschenden Meinungen und schweigt im Zweifelsfall lieber, als anzuecken und gegenzuhalten.« Der Soziologe nennt das Relative Deprivation: Ich fühle mich schlecht, weil mich der andauernde Abgleich, was die anderen von mir denken (könnten), so unsicher und ängstlich macht, dass ich kaum in der Lage bin, ein positives Selbstbild zu entwickeln. Dann sehe ich mich nur in den Augen der anderen.

Lebenslänglich.

Und wenn mir auch noch meine Eltern vermitteln, dass die Maßstäbe, nach denen ich mich zu richten habe, die Klassenbesten sind, Pokale und Medaillen, dann fehlen dem außengeleiteten Charakter »die inneren Reserven, die ihn relativ immun gegenüber absurden Vergleichen und wahnwitzigen Verführungen machen könnten.« Es klingt da in »wahnwitzige Verführungen« etwas sehr Unschönes an.

Ich finde, wir Großen sollten die inneren Reserven der Kleinen auftanken, bis sie strotzen vor Sensibilität und Widerstandskraft. Und sie einfach mal machen lassen. Ich will mir ein Beispiel an ihnen nehmen: an den widerspenstigen Kindern. Mir selbst mehr Zeit geben. Weniger nach außen schielen. Stark bleiben, wenn es heißt: Da geht noch mehr, noch schneller, noch besser. Und alle sechs Wochen ein paar Tage Time-out. Von meiner Arbeit und von der der Kinder, also der Schule. Selbst an den Kindern kann ich beobachten, wie sie ausbrennen, wenn sie keine Pause machen, und ich glaube sogar, manchmal ist die Schulpause wichtiger als die Schule.

Der Trick mit dem Time-out ist so simpel, dass ich ihn anfangs nicht mal ausprobieren wollte. Jetzt mache ich es so: Wenn ich spüre, dass ich in Stress und Rage gerate und die, so hart muss ich das sagen, an meinen Kindern exekutiere, dann gehe ich aus dem Raum raus. Hole tief Luft. Und sage, was ich will, dann noch einmal freundlich. Meine Kinder haben mir nämlich gedroht, meinen Ton *in flagranti* aufzunehmen. Die Abschreckung wirkt.

RAUS AUS DER KULTUR

Reisen: Es geht auch anders

Als ich mich vor meiner Haustür auf das imaginäre Motorrad setzte, auf dem ich mit siebzehn gesessen hatte, wollte ich damit natürlich nicht um den Wannsee kurven. Sondern über die Berge, in die Wüste und um die Welt. Das habe ich getan. Auch ich hatte davor die Stirn gerunzelt und gezweifelt: Ja, aber wie denn? Ohne Geld und mit Kindern?

Es geht. Wenn man unbedingt will, und mir war Fernweh vertrauter als Heimweh. Der Mann an meiner Seite und ich, wir hatten das Risiko auf uns genommen, Sicherheit gegen Freiheit getauscht und Geld gegen Zeit. So konnten wir uns gegenseitig frei geben, einer war immer für die Kinder da und der andere konnte hin und wieder raus und weg. Das ermöglichte uns auch unsere Arbeit und ich konnte mich überraschen lassen, von der Welt und sogar von mir selbst: Reisen war eine Rückkehr zur Einfachheit. Und ein Aufbruch in die Vielfalt.

Jemand, der etwas erleben und zu erzählen haben will, muss eine Reise machen. Das war schon bei Homer so. Wenn man nicht aus seinem Komfort aufbricht, kann sich keine Odyssee entwickeln. Zumindest keine, die man am eigenen Leib erfährt. Wenn man Texte liest, Filme sieht und im Netz surft, sammelt man vielleicht intellektuelle – aber keine körperlichen Erkenntnisse. Die nisten sich in Zellen des Körpers ein, sie sind sinnlich.

Und Sinnlichkeit war, was mir fehlte.

Es war nach Mittag, milde Spätsommersonne und sandiger Staub vor dem Busbahnhof. Ich war da, endlich, in Marrakesch. Ich wuchtete die Tasche aus dem Bus und suchte einen Platz, wo ich mich setzen konnte. Bänke gab es nicht, also ging ich in die Hocke vor einer Wand. Früher hätte ich eine Zigarette geraucht. Heute würde ich die Mails checken. Aber hier war ich raus, aus dem Netz.

Ich blinzelte in die Sonne. Es roch nach Abgasen und fauligem Obst. Ich schloss die Augen und atmete tief ein. Es war laut. Die Taxis fuhren kreuz und quer über den Parkplatz. Ein Taxifahrer winkte mir zu. Ich schüttelte den Kopf und schaute weg. Erst mal ankommen und das genießen, denn: Ich war im Dazwischen.

Ich liebte diesen Moment. Ich war körperlich da, aber mein Geist war unterwegs. Ein bisschen Schiss hatte ich auch. Ich musste jetzt auf die Menschen hier zugehen, in einer fremden Sprache sprechen und mit Geld bezahlen, dessen Wert ich nicht kannte. Ich musste mir selbst einen Tritt geben.

Ich blieb sitzen, versuchte zu verhindern, dass sich jemand durch meine Blicke angesprochen fühlte und wartete, bis die anderen aus meinem Bus weg waren. Es waren keine Touristen.

Es war nicht wie damals, einige Jahr zuvor, bei der Ankunft auf jener Insel, mitten in der Nacht, ein Schwall heißer Luft, als ich übers Rollfeld lief, in die tiefdunkle Nacht hinein, unter der Sternenglocke dieser wuchtige Geruch von Früchten und das Gezwitscher von Vögeln, verlockend. Ich war durch die neonhell erleuchtete Halle auf den Vorplatz gegangen und wartete, bis all die anderen Touristen in den Bussen verschwunden waren. Und ich und mein

Weggefährte als Einzige übrig blieben. An die Wand gelehnt. Hinter uns Neon, vor uns die Nacht – und wir: dazwischen. Ich beobachtete die Taxifahrer, sie beobachteten uns. Einer schlenderte rüber, sie oder wir, und dann landeten die Taschen im Kofferraum und wir fuhren los, auf einer Straße, wie in einen Tunnel aus Blättern, Dunkelheit und Tropen, in dieses andere Land hinein.

Das Gefühl: Ich habe mich ausgeklinkt. Ich schwebe durch den schwülen Tunnel, ta-tack, ta-tack, ta-tack. Das Besondere am Reisen ist das Dazwischensein. Das Warten und die Angst. Diese Spannung, das Schweben, der Geruch und die Geräusche, die Ahnung fremder Luft, kurz vor der Hingabe.

So wie jetzt, auf dem Parkplatz, ich allein. Ein paar hundert Kilometer entfernt war ich am Morgen einem Resort entstiegen. Da hatte ich dem Pförtner gesagt, nein, ich will kein Privattaxi und keinen Air-Conditioned-Bus, ich will zum Busbahnhof, und war mir unter seinem Blick wie eine Verrückte vorgekommen. Es war mein erstes Mal in einer abgekapselten Hotelburg, die einem UFO glich. Ich war nicht drumherum gekommen, denn an diesem Landeplatz gab es keine andere Unterkunft.

Einmal zuvor hatte ich versucht, in eines hineinzukommen. Es war mitten in der Nacht gewesen und auch an jenem Ort hatte es nur Resorts gegeben. Als wären da am Strand zwischen Palmen fremde Objekte gelandet. Kein Gasthof, kein normales Haus, nichts. Aber breite Straßen für Busse, denen sich die Tore in den Mauern öffneten. Wir waren hinter ihnen her gefahren, in einem Mietwagen. Meine Begleitung und ich hatten zuvor keine Unterkunft gebucht und waren auf der Suche. Doch als wir die Mauern erreichten, lagen vor uns die Schranken wieder quer und Uniformierte schüttelten, am Eingang zu 4000-Betten-Burgen, die Köpfe: »Alles voll – Sie müssen von zu Hause aus buchen!«

Seit ich am Reinkommen gescheitert war, wusste ich, wie es umgekehrt läuft: Wer aus dem UFO raus will, wird draußen sofort als Außerirdischer identifiziert. Und auch nicht rein gelassen, ins Außerhalb. Also nahm ich diesmal den Linienbus. Der voll war mit Eingeborenen, alles Araber. (Achtung! Es hat sich hier ein leicht offensiver, ironischer Unterton eingeschlichen.)

Vor der Abreise hatte mich eine Kollegin gewarnt. Während eines Segeltörns habe ihr Mann versucht, an Land zu gehen, und sofort sei da ein Araber gewesen. Der mit ihm verhandeln wollte! Und ich war auch noch blond und eine Frau! Doch dies ist ein Vorzug des Mittel-Alters: Ich wurde nicht mehr als Frau wahrgenommen, sondern als Neutrum. Eine Topvoraussetzung fürs Reisen. Und: Vorurteile sind dazu da, sie zu überprüfen. Auch das ein guter Grund, sie aufzusuchen.

Jetzt stand ich auf, nahm meine Tasche und ging über den Busparkplatz zu einem Taxi. Als ich drin saß, sah ich im Rückspiegel, wie sich die Stirn des Fahrers fragend runzelte.

»Wie viel?«, fragte ich.

»Wohin denn?«, fragte er.

Ich lachte: Ich wusste nicht, wohin es ging, aber ich hatte schon ein Klischee vor Augen, vom schachernden Muselmanen. Peinliches Verhalten lässt sich überall mit Selbstironie kontern, Lachen versteht alle Welt, sogar der Araber. Der hier hatte einen sehr feinen Humor. Den ich erst später verstehen konnte, als ein Begleiter dazustieß, der seine Sprache sprach. Ich wünschte, ich beherrschte sie auch.

Mir wurde klar: Ich hatte die Adresse meiner Unterkunft daheim auf dem Schreibtisch liegen gelassen. Das war nicht gestört, sondern eine gängige Strategie meines Unterbewussten, es spielte mir auf Reisen Streiche. Es verhalf mir zum Kontrollverlust. Damit ich im Dazwischen landete und loslassen konnte. Beispielsweise wurde es mir generell schummrig vor Augen, sobald mein Körper den Ort der Abreise betrat, einen Flughafen oder Bahnhof. Es rauschte dann in meinem Kopf wie in einer Waschanlage. Bislang war ich, und waren die Leitsysteme noch so undurchsichtig, immer wieder rausgekommen, aus diesem Zustand und dem Abreiseort. In der Regel verlegte ich dann während der Reise auch die Daten meines Abflugs. Kam aber immer zurück, sogar zur rechten Zeit. Ich fühlte mich trotz dieser Orientierungslosigkeit sicher. Wie eine Gläubige.

Im tibetischen Totenbuch hat dieser Zustand der Transformation, von einem Sein in ein anderes, sogar einen Namen, Bardo. Um aus der Ordnung, in der ich mich nicht wohlfühlte, herauszukommen, musste ich mich auf diesen Zustand der Verunsicherung einlassen. In dieser Unordnung war Bewegung, war Chaos, war das Unbekannte, waren Überraschungen und Einfallsreichtum und Ideen, Überschwang und Euphorie. Hinter mir, so kam es mir vor, lag der Stillstand. Vor mir: das offene Meer. Und im Dazwischen die Kunst zu leben. Das war eine wichtige Lehre aus dem Reisen. Sie stärkte mich, gegen den Kontrollwahn zu Hause. Denn ich hatte am eigenen Leib erfahren: Ich komme überall durch und rein und irgendwie auch wieder raus.

Das lag natürlich auch daran, dass ich ein weißes Neutrum war, mit einer Kreditkarte, meistens einem Weggefährten und dem Ausweis eines Landes, von dem die meisten Menschen träumen. Und daran, dass ich beim Reisen durch fremde Kulturen weniger Angst hatte – als vor dem Gefühl der Unverbundenheit in meiner Welt. Weil ich es auf Reisen mit Menschen zu tun hatte. Und mit dem Tier in mir. Denn sobald ich an Land ging, war es, als vergrößerten sich meine Sinnesorgane. Ich bewegte mich durch die Fremde mit aufgerissenen Augen, Trichterohren, feiner Nase, gefräßigem Mund und flirrender Haut und ich ließ mich von meinem siebten Sinn leiten, instinktiv. In den vielen kleinen Momenten der Entscheidung verhielt ich mich passiv und nur im großen Ganzen aktiv.

Daher sagte ich zu dem Taxifahrer: »Meine Unterkunft ist irgendwo im Souk.« Jetzt lachte er. Der Basar in jener Stadt war in etwa so übersichtlich wie das Mittelalter. Aber ich hatte mir die Lage auf der Karte eingeprägt. Und auf meinen Orientierungssinn vor Ort konnte ich mich verlassen. Was ich einmal gesehen hatte, und sei es nur auf einer Karte, fand ich wieder. Ich hatte also eine grobe Richtung, den Basar. Und war bereit, mich darin leiten zu lassen, von Gesten, Gerüchen, anderen und meinem Bauch. Ich tauchte ein, ich sog mich voll, ich nahm auf und mit, so viel ich nur konnte. Ich ließ mich hinreißen. Vom Leben.

Einige Zeit später stand ich auf einem Hammelmarkt, drei Tage lang hintereinander, immer von mittags bis abends. Ich war angekommen, in der anderen Kultur. Nein, ich stand auf der Schwelle und durfte einen Blick hineinwerfen. Der Hammelmarkt war einer von vielen, in einem Gewerbegebiet, und voller Schafe und Männer. Es war kurz vor dem höchsten Feiertag, dem Opferfest, an dem das Oberhaupt jeder Familie ein Schaf zu schächten hatte. Sieben Millionen Schafe würden am Morgen jenes Tages im Land getötet werden, zerlegt, verpackt und verspeist. Überall auf dem Land, in Hinterhöfen, auf Dachterrassen und der lehmigen Erde würde man die Male des Schlachtens sehen, leuchtend rote Flecken von Blut.

Hatte ich Angst vor dem Töten? Ich hatte Angst davor, nicht zu wissen, wie ich mit dem Toten umgehen sollte. Denn noch war er mir nicht nahe gekommen, der Tod. Nicht der von geliebten Menschen. Und nicht einmal der von Tieren. Ich aß sie zwar und versuchte, meinen Kindern beizubringen, dass die Wurst, die aussah wie ein Gesicht, einmal ein Schwein gewesen war, das getötet wurde. Damit es uns jetzt vom Teller aus anlachte.

Doch jetzt stand ich in diesem Hinterhof vor einem Schaf und sah zu, wie das Blut aus dem Hals auf die schwarz-weißen Kacheln pulsierte. Es war still. Niemand schrie. Die Kinder, die es gerade noch gestreichelt hatten, standen daneben und lächelten, unerschrocken. Die Männer brachten den toten Körper in die Küche der Frauen. Die hatten den Rest des Tages damit zu tun, ihn zu zerlegen, um jeden Teil, bis hin zu Hufen und Hörnern, zu verwerten. Nachdem die Herren der Schöpfung einen schnellen scharfen Schnitt in die weiße Kehle des Tieres geritzt hatten. Der Schnitt, er zerteilte die Zeit. In ein Davor und ein Danach, Leben und Tod. Ein Schnitt, den ich noch nie gesehen hatte, der Anblick des Tabus. Den wir verbannten, in unserem Teil der Welt.

Tod und Schmerz sollte es in unserer Ordnung eigentlich nicht geben. Denn wo endet immerwährendes Wachstum? Theoretisch nicht mit dem Tod. Denn Tod bedeutet, dass ich krank war oder zu schwach, um weiter zu funktionieren. Verfall, Altern und Sterben bedeuteten für uns: Versagen des Lebens, als würde das Wachstum scheitern. Damit wollten wir nichts zu tun haben – und deswegen staunte ich, dass sie hier noch Tage nach dem Töten das Blut auf dem Lehmboden nicht entfernt hatten. Wie Wundmale, Denkmale, Stigmata der Erde.

Und ich dachte darüber nach, ob das symbolische, aber auch das ganz reale Schlachten wie ein Katalysator wirkte: als gemeinsame, rituelle Auseinandersetzung mit dem Tod. Solange das Blut rann, war angespannte, atemlose Stille. Ich glaube, wir alle, die das Sterben beobachteten, waren in einem Dazwischen, auf der Schwelle zwischen Leben und Tod.

Und dann ging das Leben weiter. Die Frauen in den Küchen, die Männer beim Tee. Die Frauen schnitten und putzten und scherzten, sie waren unter sich. Die Herrin des Hauses, so alt wie ich und schon Großmutter, hatte ein markantes Gesicht, zupackende Hände und ein tiefes Lachen. Sie war stark, sie war schön. Sie zeigte mir alte Schwarz-Weiß-Fotos: ein freches Mädchen am Strand, mit Eltern in Schlaghosen. Dann war sie verheiratet worden und nun erklärte sie mir, selbstsicher lächelnd, was erlaubt sei und was verboten, halal und haram. Die prächtigen dicken Haare ihrer drei Töchter einem fremden Mann zu zeigen: haram. Schwein, Alkohol, Blut zu sich zu nehmen: haram. Das Fasten im Ramadan vor dem Opferfest, um Mitgefühl mit den Hungrigen, den Armen zu empfinden: halal. Essen teilen, Tiere schächten: halal. Und sie erklärte mir, dass die jüngste Tochter bald das Kopftuch tragen müsse, nach der ersten Blutung. Dass die älteste Tochter ihr Baby nach der Kita bei ihr, der Großmutter, lassen würde, wenn sie wieder studieren ginge, Philosophie. Dass morgen in aller Frühe die Männer aufs Land fahren würden, zur Jagd, und um Familie und Freunde zu besuchen.

Die Welt hier war fein säuberlich getrennt. In Frauen und Männer, verboten und erlaubt, richtig und falsch. Genau so, wie ich es nie wollte. Und doch fragte ich mich seitdem: Was war es, was mich da berührte? Die Frauen unter sich, die Wärme, die Heiterkeit und ihre Art, sich die Hände zu reichen und gegenseitig schön zu machen? Als ich dieses Haus verließ, dachte ich nicht mehr wie zuvor, ich haderte: Wie ich lebe, wie wir leben – das führt doch in eine Sackgasse? Der Individualismus, alles alleine schaffen zu wollen; Frauen und Männer sollen das Gleiche tun, in allen Räumen und Bereichen, wie anstrengend; die Vereinzelung, die Einsamkeit, Konkurrenz und wer ist die Beste im Land; die Dezimierung der Großfamilie. Und hier: alle 25 Familienmitglieder, jung und alt, unter einem Dach. Eine andere Ordnung, und sogar eine, die den Tod, weder symbolisch noch sinnlich, nicht aus dem Leben verbannte. Im Radio schepperte Jazz aus den Vierzigern und die Mädchen bemalten die Hände mit Henna. Die Herbstsonne fiel in einem Winkel durch den Vorhang, dass dieses Bild in der Küche mir in gold-gelbem Licht erschien.

Vielleicht war ich einfach nur verzaubert. Und erlitt einen reaktionären Schub. Denn: Nicht ohne Kopftuch auf die Straße, den Gatten zugewiesen bekommen, vor jedem Ausgang den Mann um Erlaubnis bitten und alle hängen zusammen auf dem Sofa rum ... War es das, was ich wollte? Gott behüte.

Ich war keineswegs be- oder umgekehrt. Aber ich begann etwas zu verstehen, was ich bislang verurteilt hatte: Welche Vorzüge das Andere haben kann, welche Anziehungskraft, und weshalb man sich daheim im einsamen Stübchen, fiebernd nach Halt und Gemeinsinn, und in Anfällen von Immunversagen, da hineinfantasierte. Wie einen das Eigene befremden konnte: Einmal stand ich an einem Freitagnachmittag in einer englischen Stadt am Straßenrand und sah zu, wie Horden – man muss es so sagen – von jungen Frauen und Männern, in Gruppen à drei bis fünf in Pubs hinein und aus Pubs herausfielen, mit Dosen in der Hand und Höschen gut sichtbar im Schritt, grölend, torkelnd, auf die nächsten Büsche zusteuernd. Ich stand wie neben einer karnevalistischen Prozession und sah einen Mann an ihnen vorbeihasten, mit einer Gebetsmütze auf dem Kopf, zog er seine Tochter hinter sich her, und ich dachte: Mann, vor dieser Maßlosigkeit würde ich meine Kinder auch schützen wollen! Und hier, in Marokko, in der Küche mit den Frauen, die den Körper zerlegten, verstand ich, was sie an unserer westlichen Kultur, mit der wir sie so gern beglückten, abstoßend fanden.

Ich war irritiert. Über mich selbst. Und ließ es mir gefallen.

Am nächsten Morgen in der Früh fuhr ich noch tiefer in das Land hinein. Maler und Dichter waren hierher gekommen, um es zu fassen, dieses Licht, diese Landschaft. Doch als ich darin stand, begann ich zu zweifeln, ob sich dieses Gefühl vermitteln ließe, in Bildern oder Worten. Wenn die Sonne aufgeht und der Himmel spannt sich über der Erde, erst rot, dann safrangelb, dann bleich wie Hammelhaut, und hinter der Wüste die von Schnee gekrönten Berge, die wirken, als könnten sie einen Klang erzeugen.

Da ich ein Neutrum war, durfte ich bei den Männern sitzen. Um vier in der Früh waren sie aufgebrochen, waren durch die Wüste gestreift, hatten Tauben gejagt und sich schließlich zusammengesetzt, zum Tee. Ich saß daneben, als hätte ich mich in Luft aufgelöst, ich schloss die Augen und dann hörte ich es, das Geräusch. Es war das Geräusch, das die Teegläser machten, wenn sie von Männern auf ein Messingtablett geknallt wurden, nachdem sie gehandelt, geschlachtet, gejagt, gegessen und, ohne einen Tropfen Alkohol, miteinander getrunken, geredet und gelacht hatten. Es war nicht möglich, dieses Geräusch lautzumalen. Und es war unmöglich, in diesem Augenblick nicht von Glückseligkeit zu sprechen.

Es war: singen, tanzen, lachen. Es war ein absolut stimmiger Moment. Und mehr als das: ein zündender. Obwohl ich nicht dazu gehörte. Ich war raus aus meiner Kultur und in einer anderen gelandet, an der ich keinen Anteil hatte. Und erlebte dennoch diesen Moment, magisch, schön. Ich betrachtete ihn aber nicht nur von draußen, wie den Sonnenuntergang auf einer Postkarte. Dieser Moment brachte wirklich etwas zum Klingen – und bei mir ins Rollen. Es war ein Moment wie eine Weichenstellung. Als hätte ich eine Lore über ein Gleis geschoben, mühsam, schwerfällig – und plötzlich ruckelt es, die Lore springt auf ein anderes Gleis und rollt wie von selbst. Und du hast etwas begriffen.

Hirnforscher nennen es Lernen: Die Synapsen berühren sich, es bitzelt und funkt wie ein Feuerwerk, du bist begeistert, es ist Dope fürs Hirn. Und plötzlich ist ein neuer Gedankengang möglich. Um so zu lernen, sagt der Psychiater Manfred Spitzer, brauche man Hirn und Sinne. Bei Kindern funktioniert es genauso wie bei Mittel-Alten: »Es ist nicht egal, ob Ihre Kinder im Kindergarten die Welt mittels eines Mausklicks erfahren oder mittels ihrer Motorik im wahrsten Sinne des Wortes begreifen.« Es war nicht egal, ob mir jemand von netten Teerunden erzählte, in Büchern oder auf Bildschirmen – ober ob ich selbst darinsteckte, oder nebendran saß.

Dieses Teetrinken bedeutete für die Teilnehmer einfach nur da zu sein, nebeneinander. Sie waren gesellig. Es würde sie verbinden, für später, für einander. Hier wurde gerade Gemeinschaft geschaffen.

Diese sinnliche Erkenntnis gab es nur, wenn ich meinen Standort veränderte. Wenn ich viel Abstand nahm und aus der Ferne, einer mir zuvor unbekannten Perspektive, auf mich blickte, auf meinen Alltag und die Welt, in der ich lebte. Die mir dann, mit diesem so angenehm verrückten Blick, eigenartig erschien. Nicht ganz normal. Sondern von Ideologie, Mentalität und komischen Angewohnheiten geprägt.

Ich zog also aus, um mich von Fremden auf eine andere Spur setzen zu lassen. Und ich wollte dann versuchen, zurück in meiner Welt, das Andere und den Blick des Anderen mit hereinzuholen. Es war nicht so schwierig, es war nicht unmöglich. Denn es war nicht wie mit dem Retsina, der im Urlaub runterging wie Honig und daheim – ohne das strahlende Licht, das Türkis, die Brise – nur noch nach Harz schmeckte. Zündende Momente sind keine Souvenirs, die ich in Flaschen, Päckchen oder Kärtchen mit nach Hause bringe und als Trophäen ins Regal stellen kann.

Die zündenden Momente veränderten etwas in meinem Denken und in meinem Verhalten. Wenn ich Glück hatte, in der Fremde, eintauchte, mich einließ und wirklich reinkam, in ein anderes Denken und Empfinden – dann kam ich ein bisschen anders zurück.

Eine Gefahr barg das Reisen aber auch, es war die Schönfärberei. Auf Reisen war ich auf Stippvisite und sah vermutlich nur das, was ich sehen wollte und konnte. Weil ich die Sprache und ihre Zwischentöne zu wenig verstand. Reisende sind wie Fischer, sie werfen Netze aus und dann, wieder im Daheim angekommen, fabulieren sie von all ihren fetten Fängen, von diesen grandiosen Augenblicken, Abenteuern und Sonnenuntergängen. Aber begegnete ich wirklich den anderen oder doch nur dem, was ich wahrnehmen und einordnen konnte – also mir selbst? Welche Worte fand ich für Situationen, die mir gerade noch unbekannt und fremd gewesen waren? Brachte ich die richtigen mit nach Hause? Glorifizierte ich all das andere, weil ich es nicht auf Dauer ertragen musste? Früher schwärmten wir Weißen vom edlen Wilden, heute faselten wir von fernen Paradiesen.

Als lebten die anderen tagein, tagaus in einem Paradies. Obwohl deren Alltag genauso mühsam, anstrengend und zermürbend sein konnte wie unserer. Wenn nicht viel mehr. Da sie nicht im postmateriellen Luxusprekariat lebten wie ich, sondern viele in ihren Gegenden der Welt um ihr tägliches Brot kämpfen mussten. Und zunehmend gegen die gleichen Mechanismen und Strukturen, an denen ich schon krankte. Neben einem Hammelmarkt kurz vor der Wüste stand ein Supermarkt von Lidl. Das Prinzip war überall. Es würde alles gleichmachen.

Doch bevor das passierte, musste ich noch den Anblick des anderen erhaschen. Ich saß in einem Zug, der fuhr durch Zentralasien, ich schaute aus dem Fenster, draußen lagen die Felder bis zum Horizont, hier und da Häuser und Birken, Pappeln, Platanen. Ich starrte auf diese Landschaft und es traf mich, wie ein Blitz, der Gedanke, der mich auf Reisen immer ereilte. Er war schwer zu vermitteln, viele verstanden ihn nicht. Mir schien er wie eine irrsinnige Erleuchtung, der Gedanke: Das da draußen, hier!, ist immer da – auch wenn ich nicht da bin. Die Platane, sie steht immer hier, morgens, mittags, nachts, der Wind weht durch ihre Blätter, ihre Rinde blättert vom Stamm – und bis jetzt wusste ich nicht von diesem Ort. Während ich daheim auf meinem Sofa saß, lebte die Welt in Hülle und Fülle. Gleichzeitig. Wahnsinn!

Und dann sah ich in dieses Gesicht. Es war kurz vor der Dämmerung, die Sonne hatte die Stoppelfelder in warmes Licht getunkt, wir waren ausgestiegen und am Fluss stand ein Mann und wusch sein Gesicht. Als er sich umdrehte, entdeckte er uns: zwei blonde Fremde auf einer Brücke, die dieses Bild aufsogen. Ich wandte mich zum Gehen, es war mir unangenehm, ihm in diesem intimen Moment zugeschaut zu haben. Er aber wedelte mit den Armen und rief etwas, je mehr ich zurückwich, desto lauter und wilder.

Aus Wut? Brauchte er Hilfe? War er verrückt? Ich dachte, wäre ich allein hier, würde ich jetzt wegrennen. Der Mann war weit genug entfernt. Aber er kam näher und fuchtelte noch immer mit den Armen. Mein Weggefährte blieb stehen, lehnte sich lachend über das Brückengeländer und rief: »Hallo, guten Tag!« In einer Sprache, die ich so gut wie nicht verstand. Der Mann kam näher, rief die gleichen Worte zurück, lachte und winkte uns zu sich. Wir stiegen die Böschung hinunter, und als wir ein paar Meter von ihm entfernt waren, drehte er sich um, lief los und bedeutete uns, ihm zu folgen.

Ich blieb stehen. Mein Begleiter ging weiter, bis zu dem Mann. Die beiden wechselten ein paar Worte, die dem Mann offenbar bestätigten, was er auf den ersten Blick sehen konnte: Wir kamen von sehr weit her. Und als mein Weggefährte nickte, ja, wir würden mit ihm Tee trinken, da begann der Mann Bewegungen zu vollführen, die mich ein wenig an einen Veitstanz erinnerten. Er war außer sich.

Wir stiefelten einen Drahtzaun entlang, wir beide hinter ihm her, die Erde lag in trockenen Krumen, kein Haus weit und breit, nur die Blätter der Pappeln rauschten im Wind, und ich tuschelte: »Ist er betrunken? Was will er von uns?« Er führte uns in sein Haus. Es lag auf einem Acker, es waren zwei fast leere Zimmer. Wir streiften die Schuhe ab, und er schubste uns in das größere Zimmer, dabei machte er Verbeugungen, die rechte Hand vor dem Herzen und mit der linken Hand unsere Schultern tätschelnd. Wir setzten uns auf die Matten am Boden, ein paar Brotkrumen lagen auf einem Tablett. Gerade war keine Frau im Haus, sie hätte den Tee serviert. Der Mann war arm. Seine Tochter, ein Kind noch, ging zur Zeit nicht in die Schule, sondern war bei der Baumwollernte. Er hockte sich uns gegenüber.

Und es entstand dieser eine kurze Moment: von beschämendem Schweigen. Wir saßen voreinander, wussten nicht was nun, und unsere Blicke trafen sich. Seine Augen waren schön, zart und verletzlich. Und was sich hinter seinem Gesicht verbarg, war mir vollkommen fremd. Hier lebte dieser

Mann. Immer schon, die ganze Zeit, während ich weit weg war und ohne dass ich es wusste. Ich sah, dass er mich ansah, wie ich ihn. Wir erkannten uns nicht, überhaupt nicht, wir waren so anders.

Aber ich fühlte mich verbunden. Und da machte der Mann plötzlich einen ausladenden Schwenk mit den Armen, rund um den Raum, als wollte er sagen: »Mein Haus ist euer Haus – schön, nicht wahr?« Er klatschte in die Hände und jetzt, nach dieser Pause und diesem Lachen, spürte ich: Er war nicht verrückt – er freute sich. Er freute sich, dass Fremde von so weit her gekommen waren und ihm die Ehre gaben, seine Gäste zu sein. Und dann griff er in seine Jackentaschen und drückte uns zwei Äpfel in die Hände, umschloss sie zärtlich, und verbeugte sich so tief, dass die Stirn seine Knie berührte.

»Einem Menschen begegnen heißt, von einem Rätsel wach gehalten zu werden.« Das hat der Philosoph Emmanuel Lévinas gesagt, und ich glaube, es ist, was mich lebendig machte: mich auf andere Menschen zu beziehen. Die Begegnung mit diesem Mann in der Fremde hatte mich berührt. Es war einer meiner ersten Besuche an einem auch von Muslimen bewohnten Ort – und ich begann, etwas zu lernen. Eine Kulturtechnik, die mir fremd gewesen war.

Sie begegnete mir wieder, an einem Nachmittag in einer Kleinstadt im Nahen Osten. Der Bus steuerte unsere Gruppe auf eine Mehrzweckhalle zu. Da erwartete uns ein Redner, der uns etwas erzählen wollte über die Konflikte, die die Menschen hier miteinander hatten. Wir erwarteten Tee serviert zu bekommen, vielleicht sogar Kaffee – und wurden in eine Halle geführt, mit zwei Tafeln, es können Tapeziertische gewesen sein, je zwei oder drei aneinander. Sie waren bedeckt mit allen Speisen und Gewürzen des Orients, warm, kalt, süß, scharf, salzig, Fleisch, Gemüse, Fisch, Salate, Gerste, Milch und Honig, frisch und dampfend.

Dann brachte uns der Bus in die nächste Stadt, dort waren wir zum Abendessen eingeladen, von einer evangelischen Mission. Eine prächtige Kirche thronte auf einem Berg, Parkplatz und Toilettenhäuschen waren nigelnagelneu im Vergleich mit den verrotteten Fassaden der Mehrzweckhalle, in der wir zuvor waren. Wir schritten den Berg hinauf und wurden zum Essen empfangen: Es gab Tomatensuppe aus der Tüte, so dünn, dass man auf den Tellerboden gucken konnte.

Ich kann nicht behaupten, dass nur die muslimische Kultur einen Wert kennt, der der unseren völlig fremd zu sein scheint, zumindest in ihren real existierenden Handlungen. Nein, ich bekam zur Begrüßung auch schon in katholischen, orthodoxen, ungläubigen und protestantischen Kulturkreisen aufgetischt. Alle Äpfel, die gerade zur Hand waren und seien es zwei. Oder so viele Palatschinken und Schnitzel, zu Türmen aufgeschichtet, dass den Babyloniern das Wasser im Mund zusammen gelaufen wäre. Das war auf dem Balkan. Ich lernte Gastfreundschaft kennen. Sie bedeutet: Wenn du kommst, ist mir das eine Freude. Wir essen zusammen und trinken und das kann in dem Geräusch gipfeln, das Teegläser machen, wenn wir lachen.

Zum Teetrinken musste ich mir Zeit nehmen, oft und viel. Es wurde dabei nicht nur von interessanten Dingen gesprochen. Und viel Tee machte meine Zähne pelzig. Die Teetrinkerei ging mir auch auf die Nerven, zumal als Frau unter Männern. Aber eine Lektion war sie: Uns lag die

Gastfreundschaft fern. Mich luden nicht mal meine engsten Freunde zum Tee ein. Weil wir keine Zeit hatten.

Gastfreundschaft hilft überleben, wenn man sich in der Wüste verirrt. Die Wüste kann man ruhig als Metapher sehen, fürs Leben. In manchen Gegenden der Welt, etwa in Albanien, setzt die Gastfreundschaft sogar die Gesetze der Blutrache aus: Wer dieser entgehen will, klopft an die Tür des Todfeindes – und der muss Gastlichkeit vor Rache walten lassen. Millionen von Menschen hätten durch mehr Resistenz und Gastfreundschaft überlebt. Und diese Bemerkung ist nicht weit her geholt. Auch Anne Frank wurde in einem Haus versteckt. Bis sie dann doch – von anderen – verraten wurde.

In einem Zug aus dem Süden, aus Italien, begegnete ich einmal einer Gruppe dunkelhäutiger Menschen. Sie sahen müde aus, abgerissen und ängstlich. Möglicherweise war es meine Projektion und ich bildete mir etwas auf meine Menschenkenntnis und Reiseerfahrung ein. Denn ich dachte: Sie sehen aus, als hätten sie eine lange Reise hinter sich, quer durch einen Kontinent, über das Meer, über Zäune und Mauern. Raus aus der Aussichtslosigkeit, aus Armut, Kriegen und anderen Katastrophen. Sie wussten nicht, was ihnen geschehen würde und sie hatten kein Gepäck. Ich kam mit meiner Familie aus dem Urlaub, wir hatten vier große Taschen und ich fühlte mich vollkommen deplatziert. Diese Reisenden und ich, wir standen nebeneinander im Gang und starrten aneinander vorbei aus dem Fenster, auf das satte Land da draußen. Ich konnte sehen, worauf sie hier hofften: Wohlstand, Gesundheit, Frieden. Und dachte, wenn sie wüssten, was ich mir einbilde – nämlich: dass mir etwas fehlte, was sie hatten.

Ich war nicht sicher, ob ich jeden, der es über unsere Grenzen hinweg geschafft hatte, beglückwünschen sollte. Weil ich zweifelte, ob unsere die beste aller Welten sei, für den anderen, für mich, für uns. Aber wenn einer sich aufmachte, auf diese schwere Reise, zwischen die Ordnungen, dann würde ich ihn willkommen heißen wollen. Das lernte ich von den Menschen da draußen. Und schämte mich für unsere nicht vorhandene Gastfreundschaft. Und dachte: Damit ich hier nicht andauernd raus will, muss ich die anderen rein lassen. Sie bringen etwas mit, nicht Myrrhe, Gold und Weihrauch, sondern ihre Erfahrungen. Die meist nicht in Vorgärten in Reihenhaussiedlungen gemacht wurden. Sondern von wesentlicheren Dingen bestimmt waren. Durch die ich mich bereichert fühlte.

Was ich in der Wüste begriff, war, wie Konversation, Gemeinschaft und Lebensfreude funktionieren können. Und dass ich dafür Leute mit dieser Kulturtechnik brauchte. Auch daheim. Um sie mit ihnen zu zelebrieren. Seither versuchte ich, Menschen zu mir einzuladen, die wussten, wie man Tabletten zum Tanzen bringt. Und die eine Eigenschaft mitbrachten, die ich liebe: Offenheit, geistige und emotionale. Es sind Menschen, die zuhören und hinschauen können, die es sich schmecken lassen. Die nehmen, was kommt, und Unterschiede aushalten. Die sich berühren und beschwingen lassen. Die staunen können – ohne zu verurteilen.

Nicht wenige meiner Freunde versuchten, diese Haltung zum Leben auf harten Meditationskissen in ihren Zimmern zu erlangen. Ich schätzte sie dafür sehr, es ist ein schwerer Weg. Und viele Wege führen zum Buddha. Mir fiel der auf Reisen leichter, da konnte ich Bescheidenheit *en passant* lernen. Manche nennen es Demut, und es stecken darin viele zündende Funken der Freude am Leben.

Der Mann an meiner Seite hatte mal mit einem jungen Mann zu tun, der hatte sich auf eine weite Reise gemacht, aus seinem indischen Dorf. Als er bei uns ankam, kam er in Abschiebehaft. Da hängte er sich auf. Als der Vater den Leichnam seines Sohnes in Empfang nahm, sagte er zu den Fremden, die ihn brachten: »Ihr seid hier meine Gäste – warum habt ihr mein Kind nicht willkommen geheißen?«

Ich hoffe, meine Kinder werden einmal die Welt kennenlernen wollen. Es ist das Geschenk des Lebens, diese Erfahrungen machen zu können. Und dass sie niemals in diese Situation geraten: Sich das Leben nehmen zu wollen, weil man sie nicht haben will.

RAUS AUS MEINER HAUT

Körper: Weg mit dem Korsett

Es gab einmal, lang ist es her, einen Film im Film. Der erzählte von einem alten Filmvorführer, der gezwungen wurde, aus allen Streifen die Kuss-Szenen herauszuschneiden. Er hob sie auf und vermachte sie einem jungen Mann, der Filmemacher geworden war. Und als der sich hinsetzte, in den roten Samtsessel im dunklen Saal, da fing es auf der Leinwand an zu knistern, erst schwarz-weiß, und dann kam der Film im Film: ein Kuss nach dem anderen, sanft, zärtlich, stürmisch, feucht, gehaucht, schlabbrig, knifflig, leidenschaftlich, zum Hinschmelzen und Abheben, einer schöner als der andere: alle so mhmmuah.

So war das auch mit den Augenblicken, die ich sammeln wollte, wie der alte Filmvorführer, wie ein Cutter, der die Augenblicke ausschneidet und aufbewahrt. Es ging für mich um die Augenblicke der dritten Dimension. Nicht um die stimmigen und nicht um die zündenden. Nicht nur um die, in denen ich mit mir selbst einig war und nicht nur um die, in denen ich etwas kapierte. Die dritte Kategorie von Augenblicken, das waren die, wo mich Glück touchierte.

Das Glücksgefühl ist eine augenblickliche Angelegenheit. Es ist plötzlich da und verweilt leider meistens viel weniger lang als die schwarze Wolke. Es streifte mich, es hob mich in einen anderen Zustand, ich schwebte auf Watte und dachte: Wieso ist das nicht immer so oder zumindest öfter? Gerade war's noch nicht da und die Umstände waren doch fast die gleichen, und dann kam dieser Hauch und ließ mich fliegen – ja, wieso ist dieser Augenblick schon wieder vorüber? Und wie fühlte er sich noch mal an? So unbeschwert, so leicht und erfüllt, von Lebensfreude?

Natürlich haben die Hirnforscher auch für das Glücksgefühl eine Erklärung: Die Synapsen drehen im Dauerrausch der Dopamine durch. Wie der Mensch auch. All die schicken Erklärungen ändern aber nichts an der Tatsache, die der Mensch kennt, seit er existiert: Auch das Glücksgefühl wird durch sein Gegenteil befördert. Ohne Leid, Not, Unfall und Pein kein Stelldichein. In meinem wohltemperierten, gemäßigten Alltag waren die Ausschläge ziemlich undeutlich zu verspüren. Das hatte Vor- und Nachteile. Bei manchen meiner Freundinnen hatte ich den Eindruck, sie ließen sich Dramen auch deswegen gefallen. Um sich darin, wie sie selbst sagten, zu spüren. Denn um schöne Momente zu erleben, muss ich etwas wagen. Ein Philosoph formuliert das so: »Die ideologische Präformierung der Individuen lässt sich solche Genüsse wie den einer üppigeren Mahlzeit, einer Zigarette, eines Glases Wein oder eines erotischen Abenteuers pauschal als ungesund, unvernünftig, moralisch indiskutabel und ekelhaft empfinden und von sich aus ablehnen.« Und, so resümiert Robert Pfaller, unsere Kultur habe sich leider »den Zugang zu Glamour, Großzügigkeit und Genuss versperrt«.

Genuss! Glamour! Großzügigkeit! Diesen Zugang wollte ich unbedingt wiederfinden. Auch wenn ich ihn eher als Ausgang empfand. Zu einem Raum, den man sich in schwül schillerndem Dunkelrot ausmalen kann. Und in den ich hin und wieder mal reinhuschen wollte. Weil man sich da drinnen spüren konnte, das heißt: Alle Sensoren des Körpers streckten sich wie nach einem langen, kalten Winter.

Cut: Die Härchen auf den Unterarmen werden warm und hell und es ist, als könnte ich sie einzeln fühlen, wie sie sich aufrichten: Auf, ihr Sinne, zur Wärme, zur Sonne, zum Licht!

Auf diese schönen Augenblicke hatte ich es abgesehen. Die hatte ich mir bisher verkniffen. Man könnte sie Augenblicke des Glücks nennen. Aber leider ist dieses Glück – aus einer groß angelegten Sehnsucht heraus – so lauthals vermarktet worden. Penetrant wurden mir Glücksrezepte, Glückspillen und Happiness feilgeboten, dass mir die Rede vom Glück schal geworden war. Dabei gab es Augenblicke der Sinnlichkeit, der Schönheit, relativ, subjektiv und flüchtig. Nichts für die Ewigkeit, nichts für die lange Strecke und nicht makellos. Sondern rau und eigen, irgendwo im Dazwischen, und manche ganz nah am Schmerz. Ich musste sie nur wahrnehmen und sammeln.

Cut: Wir fahren. Das Land liegt in Wellen, Dünen aus Sand, hoch und runter, wir rollen darüber geradeaus, runter, hoch. Der Wind weht warm über den Unterarm, die Musik funkelt wie Sterne. Ich schaue hinaus, wir schweigen, die Welt ist aus Kupfer. Wir fahren schnell, die Welle wird hoch und kurz vor der Kuppe hebt mein Bauch ab, ich schließe die Augen und denke, lass uns fliegen.

Cut: Im Bierzelt. Die Kapelle dröhnt, Dunst liegt in der Luft, dem Mann hängt der Bauch übern Latz, dem anderen der Hintern aus der Hose und die Frau ist blau, ihre Backen glühen. Die Haxe ist so groß, dass ich lachen muss, sie trieft, sie ist knusprig und um sie herum rollen Knödel. Die Leute gackern, die Leute poltern, die Leute torkeln und tanzen und am frühen Abend liegt schon einer draußen auf der Wiese und schnarcht und ich muss schmunzeln, ich fühle mich sauwohl und erleichtert und kurz durchzuckt mich der Gedanke, dass ich es büßen würde, mein Magen verträgt kein Fett mehr und das viele Bier macht mich schwer, aber jetzt noch auf die Schiffschaukel und schaukeln, bis es wackelt. Und während ich schaukle, denke ich: Ist das Freiheit?

Ich wunderte mich, weshalb ich mich ausgerechnet da so gelöst und geborgen fühlte: im Überschwang. Roland Barthes nannte die Augenblicke des Überschwangs jene Augenblicke, die sich nicht an die Gesetze der gängigen Ökonomie halten. Die aus Liebe entstehen, wenn einer alles gibt und noch mehr, wenn er übersprudelt: »Wenn die liebende Verausgabung fortgesetzt ohne Hemmungen, ohne Wiederausgleich bejaht wird, ergibt sich jenes seltene und glanzvolle Phänomen, das Überschwang heißt und der Schönheit gleichkommt.« Der Überschwang im Schwülen, im Runden, im Barocken, und, ja, im Süden. Warum zog es mich da hin? Hatte ich zu lang im Kargen gelebt?

Es war für mich tatsächlich eine Formfrage. Die Oberflächen um mich herum waren mir zu glatt, sie stießen mich ab. Die überdesignten Läden, die Servietten im Ton der Visitenkarte taupe und bleu, kratzerfreie Staubleisten, Townhäuser und Vorstädte, die wirkten wie Modellbauten, leblos, clean, weiße Kiesel und Orchideen auf den Simsen und überdimensionierte Autos, die surrten wie futuristische Panzer, Push-ups, Zahnweiß, Minimizer, alles riecht nach Vanille und neben jeder menschlichen Siedlung steht eine klimatisierte Mall mit den gleichen Marken, Hamburgern und Chinapfannen, und nicht weit davon ein Museum in Form einer Schnecke. Manchmal kamen mir die Oberflächen meiner Welt vor wie die meiner Bildschirme und Tonträger, ohne Tiefe, ohne Schärfe. Ohne Ecken, Kanten, Narben, körperlos und blutleer.

Ich sehnte mich nach blätternden Fassaden. Ich wollte, dass es nach vergorenem Obst stank. Ich wollte schwitzen. Es sollte staubig sein und laut und wuselig und Schwärme von Mücken und Frauen mit Falten. Abgegriffene Möbel und Dinge, die zum Leben gehörten wie Körperteile, die man nicht austauschen würde, Dinge, die repariert wurden, Dinge, die improvisiert wurden, Dinge, die unersetzbar waren, Dinge, die einfach nur nötig waren und nicht designt. Ich wollte es widerspenstiger und dabei dachte ich an das, was der Essayist Roland Barthes über den Maler Cy Twombly gesagt hatte: Dessen Striche auf dem Papier wirkten linkisch, wie mit der linken Hand gezogen. Nicht richtig, nicht perfekt. Sondern auffällig anders, eigen, sperrig.

Kurioserweise, ich wusste selbst nicht warum, konnte ich mir meine allergische Reaktion auf leere Oberflächen am treffendsten mit zwei Adjektiven erklären. Wenn mich das Unbehagen überkam, sagte ich: »Das ist mir zu protestantisch.« Und wenn ich etwas schön fand, sagte ich: »Das ist eben katholisch.« Mein Gegenüber sah mich dann an, als hätte ich einen Knacks in der Schüssel, und das hatte ich vermutlich auch. Ich war meines Empfindens absolut sicher. Ich konnte es sogar belegen: Regionen, wo Lebenslust, Spontaneität, Improvisation, Geheimnisse, Augenzwinkern und Hüftschwung existierten, waren katholisch geprägt, so erlebte ich es. Im groben Ganzen hatte die protestantische Ethik gewonnen, sie hatte den Geist des Kapitalismus weltweit verbreitet, verwertet, vermarktet. Protestantische gegen katholische Ästhetik, der Norden gegen den Süden, die fleißigen Deutschen gegen die faulen Griechen, das Sparen gegen den Überschwang, der kühle Kopf gegen heißes Blut, das Saubere gegen das Schmutzige, das Nüchterne gegen das Pathos, die Blonde gegen den Bärtigen, die Selbstbeherrschung gegen den Rausch, das Karge, Strenge, Kühle, Stille gegen das Laute, Quirlige, Wilde. Lauter Klischees, in denen wir es uns bequem eingerichtet hatten. Der globale Norden war eben disziplinierter, stabiler, effizienter, erfolgreicher, weiter entwickelt als der globale Süden. Doch dann erlag ich der mir immanenten, typischen Mangelerscheinung des Nordmenschen: Das blonde, weiße Neutrum träumte vom Süden. Wärme, Wärme der Sonne, Herzenswärme, alles dolce und easy, ay, Erlösung. Ich hatte sogar einen Satz an die Wand über meinem Arbeitstisch geklebt: »Ach«, seufzte da Heinrich von Kleist wie die meisten deutschen Dichter, »ich trage ein Herz mit mir herum, wie ein nördliches Land den Keim einer Südfrucht. Es treibt und treibt und es kann nicht reifen.«

Lange vor meinem Ausbruch stand ich in einem Park, er lag in einer sehr großen Stadt und war voller Menschen aus aller Welt. Es war Sonntag, ich war fremd und allein und der Tag dehnte sich ins Minutiöse. Ich blieb bei einem Musiker stehen, er hatte einen Ghettoblaster und rappte. Ein paar Leute wippten. Ich hielt mich in so großer Entfernung, dass mich niemand meiner gut kaschierten Begeisterung hätte überführen können. Dann passierte es doch. Ich stand immer noch still, und da fing ein Typ neben mir an zu tanzen. Aus den Hüften heraus, sehr dezent erst, dann machte er im Takt Knicke mit dem Oberkörper, klatschte seine Hände zusammen und lachte und sah mich an. Ich erwiderte es mit einem gezügelten Lächeln, ich empfand mich da noch nicht als weißes Neutrum und quittierte Ansprachen auf der Straße mit maximaler Ignoranz. Ich fühlte mich sehr unwohl.

Ich stand neben mir und sah diesen meinen Körper, der sich nicht rühren und nicht bewegen konnte, obwohl er es gern getan hätte. Der Mann wirkte nicht, als wollte er mehr – es war Sonntagnachmittag, die Sonne schien im Park, und da kann man doch mal ein paar Schritte tun und die Hüften schwingen lassen? Was war daran so peinlich? Warum konnte diese weiße Frau das nicht? Ich kam mir lächerlich vor. Ich wäre zu gern aus meiner Haut gefahren. Und ich nahm mir vor: Das soll nicht noch mal passieren. Denn ich schämte mich für meine Steifheit.

Cut: Über ihre Brüste fallen orangefarbene Volants, Creolen baumeln neben ihren vollen Lippen, der Po kugelrund unterm Minirock und die Füße in Stöckelschuhen. Sie stemmt die Hände in die Hüften, in die Ringe, und sagt: »Wir sind hier besonders – dunkel und rund!« Sie ist stolz und voller Kraft, unwiderstehlich.

Als ich dann einen Menschen traf, mit dem ich tanzen konnte, da horchte ich in mich hinein, auf der Suche nach der Energie des anderen, die sich auf mich übertrug, ich ließ mich ziehen, ich wollte Echo sein, wurde gehalten und gewirbelt, sein Schwung war meiner, wir waren ernst und wir lachten nicht. Nicht mehr wie am Anfang, als wir uns das erste Mal gegenüberstanden, befangen und ängstlich. Denn wir hatten verlernt, wie das geht: sich nah zu kommen, ohne mehr zu begehren, höfliche Distanz in der Umarmung, die man braucht zum Tanz. Ich lernte, Schritt für Schritt, mich führen zu lassen, und da wurde mir körperlich klar, dass wir Frauen uns abgewöhnt hatten, uns führen zu lassen – und die Männer: Haltung, Rhythmus und Richtung anzunehmen. Beim Tanzen musste ich nicht denken, einmal nicht denken!

Cut: Wenn der andere, Mann oder Frau egal, zu zweien tanzen konnte und unsere Bewegungen sich geleiteten wie Kranich und Wolke im Wind, dann fing ich an zu gleiten, ich glitt über den Boden und durch die Luft, schmunzelnd, schwingend, mit Pauken, Trompeten und Swing und Tusch, der Himmel über uns war beschwipst und der Mond lag quer und wir hoben ab.

Cut: Es ist dunkel, es ist schwül, unsere Haut ist feucht und ich denke nicht an den Mann, mit dem ich eigentlich zusammen bin. Ich ziehe den anderen aus. Er zieht mich aus. Und meine Hände hängen in der Luft, ja, sie hängen in der Luft, zwischen meinen Fingerkuppen und seiner Haut spüre ich es vibrieren. Im Dunklen, im Dazwischen. Sein Blick, tief und ernst, ich falle hinein. Und taste mich vor. Die Härchen flirren wie geladen. Dazu der Ton, wir klingen wie Gläser. Wenn ich die Lippen auf seine Haut lege, fangen sie an zu flirren.

Cut: Ich sitze an einer Haltestelle, neben mir eine Frau, die raucht und sagt: »Ich mache sie gleich aus.« Ich atme tief ein und sage: »Es riecht wunderbar.« Da sieht sie mich staunend an und ich sage es noch einmal.

Cut: Auf der Straße begegne ich meinem Friseur von früher. Er ist jetzt nicht mehr dick und pickelig, er hat jetzt große Titten und einen gesunden Teint. Ich sage: »Du siehst richtig gut aus.« Er lacht und sagt: »Man tut sein Bestes.« Und dass er jetzt nicht mehr Dominik, sondern Lucy heißt. Lucy sagt, ich soll mal in ihren Salon kommen, sie macht einen anderen Menschen aus mir. Dann sitze ich vor ihrem Spiegel, sie plättet mir, mit tiefer Männerstimme und prallem Dekolletée, die Locken und ich denke: »Wir müssen uns viel öfter verkleiden, verwandeln und nicht immer so authentisch tun.«

Cut: Das Fest ist so rauschend, dass meine weiße Bluse am frühen Morgen, als es draußen dämmert, gescheckt ist vom hellroten Himbeersaft. – Danach will mich mein bester Freund andauernd feiern sehen, aber den Rausch kann ich nicht planen. Es kommt auf das Momentum an.

Cut: Erotik, wenn ein Mensch dieses Blitzen in den Augen hat, weil sein Geist offen ist und frei und frivol, weil seine Neugier nicht erloschen ist, auch mit 75 noch sprudelt, dann denke ich: So will ich alt werden.

Cut: Die Hochzeit beginnt morgens um elf, im Garten wurden Bäume gefällt für das Zelt, die Nachbarn aus dem Dorf bringen 47 Torten, am Spieß stecken eine Ziege und ein Schaf und die Fideln sind verkabelt. Sie fiedeln so laut, dass ich den neben mir am Tisch nicht verstehe, es bleibt nichts anderes, als uns mit Slivovitz zuzuprosten. Zwölf Stunden später bin ich in einer Verfassung, die ich aus einem Western kenne: Einer ist im Delirium, er wirbelt an einem Seil durchs Tipi, es ist Licht, alles kreist, er ist knapp vor dem Jenseits. Und ich denke: Eine solche Hochzeit ist ein Übergangsritus, alle zusammen begeben sich, mit Braut und Bräutigam, in einen anderen Zustand, auf die Schwelle. Und wir feiern nicht mal Geburt und Tod.

Cut: Ich halte die Hand des Freundes meines Sohns, er liegt auf einem Krankenhausbett, beim Klettern vom Baum hat er sich eine klaffende Wunde gerissen, seine Eltern sind nicht da und jetzt muss der Arzt nähen. Der Junge schaut mich an, ich sage, »press' meine Hand«, in seinen Tränen ist ein Lächeln und er schreit. Ich bin da. Ich kann ihn halten.

Cut: Dieses Abendmahl, das Essen kommt von Herzen, der Tisch ist vollkommen unübersichtlich, alle freuen sich über die dampfenden Schüsseln. Anfangs zaghaft, dann baut sich eine Chemie auf, Körper drehen sich, Köpfe neigen sich einander zu. Lachen, Rufe, Blicke, eine Tischgesellschaft entsteht. Und dabei sind wir alle so verschieden, einige kommen von so weit her, aus Orten und Zeiten, dass ich ihre Brüche, Grenzen und Abgründe nur erahnen kann, aber ich weiß: Die sind es, die sie so lebendig, kraftvoll und stark machen. Wer seine Heimat verließ, um sagen zu dürfen, was er denkt; um seine Stimme erheben und abgeben zu können; um nicht vor Hunger, auch nach Frieden und Freiheit, zu sterben; um sich inspirieren zu lassen und auszutauschen unter Menschen, die so anders aussehen, aber doch ähnlich denken. Wer sucht und wandert und offen bleibt, ein freier Geist; wer in zwei oder mehr Kulturen lebte; wer zu spüren bekommen hat, was wesentlich ist, der hat so viel mehr zu sagen über das Leben. Etwa, dass wir hier im Norden feiner denken sollten und gröber handeln. Mehr Herzensgröße, Mitgefühl, Offenheit. Und weniger perfekt optimierte Oberflächen.

Cut: Die Lache meiner Freundin, guttural und leicht dreckig, wenn sie sich amüsiert über Dinge, die man da, wo sie herkam, als Sünde abkanzeln würde. Dazu das Blitzen in ihren Augen und wie sie die Hände zusammenklatscht, weil sie dem Leben einen Streich gespielt hat.

Cut: Muscheln essen. Und gleichzeitig darüber schwärmen. Wie die Freunde, deren Augen leuchten, während sie sich über Zutaten und Zubereitungen unterhalten. Weil

Essen für sie eine Kunst zu sein scheint, mehr als nur Kochen und Präsentieren.

Cut: Ich stehe auf dem Balkon, morgens um fünf, habe die Musik laut aufgedreht und breite meine Arme aus. Die Schwalben zilpen.

Cut: Als ich weiß, dass mein Kind überleben wird, lege ich mich auf die Bretter eines Stegs am Teich im Garten des Krankenhauses. Die Sonne scheint. Das Holz ist warm. Ich liege auf dem Bauch, öffne die Hände und sauge den Geruch ein. Im dunkelgrünen Wasser flackern die Schuppen der Goldfische. Dieses Bild sinkt in mir ab. Orange auf Grün, die Bewegung, der Schwarm, die Wärme, der Geruch von Sonne und Holz. Ein Pool in mir. Und dazu gehört all das Außenherum, der Schmerz, die Furcht, das Weinen, der Kontrast. Ich will ein Mensch sein.

Cut: Der Kleine kommt lebend nach Hause, dünn und blass, und meine Kinder fallen sich in die Arme. Sie schließen die Augen und lächeln, sanft und wissend.

Cut: Unter der Trauerweide, ihre Äste hängen in den Ententeich, ich bin meine Runden gelaufen, hole tief Luft, werfe die Arme hoch und den Kopf in den Nacken und blicke in ihre Krone. Hier weiß ich: Ich bin ein Teil vom Ganzen, jetzt. Und danach.

Cut: Im goldgelben Strom des Champagners rollen bitzelnde Bläschen. »Du musst«, sagt der Mann, »den Mund voll nehmen, mit großen Schlucken, nur dann schmeckst du es.«

RAUS AUS DER KOMFORTZONE
Freiheit: Glücklich im Dazwischen

Hier bin ich wieder.

Ich wollte raus, aus unserem überdrehten, ungerechten, krank machenden System. Aus meiner gleichförmigen, gelangweilten Umgebung. Aus meinen festgefahrenen, selbstbezogenen Beziehungen. Aus meinen Gewohnheiten und unseren Werten, meiner Kultur und deren akutem Mangel an Selbstreflexion. Aus mir selbst raus.

Wenn man aus einem Zustand raus will, muss man loslassen. Ich wollte nicht von einer Ordnung in eine andere wechseln, so wie es manche Menschen tun, die sich dann anderen Gruppen, Systemen oder Ordnungen unterordnen. Ich wollte die Unordnung und dafür musste ich mich fallen lassen. Das war nicht leicht. Denn wir leben zwar in einer liberalen Ordnung, wo alles Mögliche möglich zu sein scheint, haben uns aber, vor allem in meinem Alter, ziemlich unter Kontrolle. Gebracht.

Wenn man sich auf macht und los geht's, fällt man in ein Dazwischen. Mir kam zugute, dass ich mich in diesem Zustand wohlfühlen kann. Ich mag ihn nicht immer und nicht maßlos, ich schätze ein klares Bewusstsein, leicht berauscht – aber nicht den Exzess. Ich gehe an Grenzen, nicht weil ich die Selbstüberwindung brauche, um mich zu spüren, sondern weil ich wissen will, was oder wer hinter einer Grenze ist. Ich brauche diese Überwindung aber auch als eine Art Rahmen, den ich sprengen kann. Und der mich trotzdem hält. Grenzenlose Freiheit bekommt nur wenigen Menschen gut, wenn überhaupt. Sie endet ohnehin beim Anderen. Wenn man ihn an sich ran lässt.

Um rauszukommen, muss ich loslassen und mich in einen Zustand des Übergangs begeben, außerhalb der Ordnung und meiner Kontrolle. Daraus entsteht etwas anderes und möglicherweise etwas Neues. Das Dazwischen ist der Ort der Kreativität, der Mehrdeutigkeit, der Verunsicherung, des Synapsenrauschs und der Veränderung. Es ist nicht immer spaßig und freudvoll, es hat mich zweifeln lassen und verzweifeln, vor Widerständen, inneren und äußeren. Aber es war nötig. Denn so habe ich schließlich, durch das Verfertigen all der Gedankengänge in diesem Wörtergewebe hier, das von zwei Buchdeckeln zusammengehalten und hoffentlich von einer organischen Schwingung getragen wird, diesen einen Satz verstanden. Den Satz des Beobachters Evgeny Morozov, der mich magisch anzog, als ich mich, mit all meinen Gefühlen, in die Gedankengänge vertiefte. Die ich in dieses Buch hineinbekommen wollte. Er lautet: »Das Unperfekte, das Doppeldeutige, das Undurchsichtige, die Unordnung und die Möglichkeit zu irren, zu sündigen, das Falsche zu tun: All das macht die menschliche Freiheit aus, und jeder ernsthafte Versuch, das abzuschaffen, wird die Freiheit gleich mit abschaffen.«

Es ging mir, mit meinem Unbehagen, meiner diffusen Sehnsucht und der Suche im Dazwischen um diese Freiheit. Ich glaube, wir vergessen sie. Das macht uns krank. Und wir zerstören ihre Grundlagen, das Leben auf unserem Planeten. Weil wir zu unserer Ordnung, die uns glauben macht, wir könnten für den Konsum leben, keine Alternative mehr kennen. Die Freiheit beginnt, für mich, im Dazwischen, mit der Kontaktaufnahme zum Anderen. Im

Rätsel seines Gesichts, das ich kennenlernen will, und zu dem ich so eine Verbindung aufnehme. Nicht virtuell. Sondern in der Konfrontation. Indem ich mich, statt auf Waren, auf Lebewesen beziehe, mit ihren Gefühlen, Körpern und Gedanken. Indem ich Verzicht übe, Verbindlichkeit lebe und Verantwortung übernehme. Indem ich das Soziale zurückhole, in die Marktwirtschaft, denn »das Soziale« ist kein Zusatz, sondern es heißt: zusammen leben. Nicht: alles allein schaffen. »Das Soziale« macht den Menschen aus. Und ich will bremsen: durch meinen Widerstand im Hamsterrad. Das Leben spüren. Und die Freiheit, es durch meine Kraft gut zu machen.

Ich muss bei mir anfangen, im Kleinen. Indem ich Nein sage zu Dingen, die ich für falsch halte, und mich enthalte. Indem ich Ja sage zu Menschen und dann auch da bin und die möglichen Folgen und die Verantwortung trage. Das große Ganze besteht aus vielen Kleinen, und mittlerweile widerspreche ich entschieden, wenn jemand sagt: »Bringt doch gar nichts, wenn du das machst.« Oder: »Wenn du es nicht tust, tut es ein anderer.« Oder: »Die da oben machen doch eh was sie wollen.« Dann sage ich, hinterhältig naiv lächelnd, also mit allem Charme der Subversion: »Von mir hängt die Erlösung des Universums ab – ich habe nur eines!«

Ich hatte das Glück, mich in der Mitte des Lebens in eine Krise gehen lassen zu können. Sie begann mit einer immer penetranter werdenden Angst vor dem Tod, brachte mich, ähnlich wie die Pubertät, in eine Achterbahn der Gefühle, zu Tode betrübt, himmelhochjauchzend. Sie hielt ein paar Jahre an und ich wusste nicht, wie ich daraus hervorkommen würde. Und ich weiß immer noch nicht, wohin es führen wird. Eigentlich kann das keiner über sein Leben wirklich wissen, mich aber hat man ständig gefragt, ob ich keine Angst hätte, wenn ich jetzt zum Beispiel meine Beziehung änderte, meine Art zu arbeiten, meine Kinder zu erziehen oder in die wilde Ferne reiste. Gegenfrage: Weiß es der, der in seiner Komfortzone sitzen bleibt, besser? Kennt er seine Zukunft, Trennungen, Krankheit, Tod? Das Ende der Geschichte? Und wenn dem so wäre: Wäre das gut?

Als ich ins Dazwischen kam, wusste ich nicht, wie ich daraus hervorkommen würde. Ich wusste nur, dass ich es tun musste. Und dass ich mich auf meinen Bauch verlassen konnte. Natürlich war ich privilegiert, ich hatte eine innere Mitte und stand relativ fest auf dem Boden meines Lebens. Ich hatte einen Partner, eine Familie, Freunde, ein Dach überm Kopf, ich konnte mir Arbeit beschaffen und ich konnte mit dem Maler Joan Miró kokettieren, der sagte: »Wir Katalanen glauben, daß man mit den Füßen fest auf der Erde stehen muss, um einen großen Sprung zum Himmel machen zu können. Die Tatsache, daß ich von Zeit zu Zeit auf die Erde herunterkomme, ermöglicht es mir, um so höher zu springen.«

Aber: Es gibt viele Menschen, die sehr viel weniger haben als ich – und trotzdem die Courage, ins Unsichere zu gehen. Weil sie sich nach etwas sehnen. Und ich wünschte, es wäre andersrum: dass vielmehr die, die in ihren sicheren Ordnungen leben, den Mumm hätten und den Wumms, da rauszukommen.

Jetzt bin ich zwar wieder hier, in meiner Zone, aber ein bisschen bin ich auch noch außer mir. Ich will es gar nicht anders, denn ich fühle mich ganz wohl zwischen den Menschen, zwischen ihren Funktionen, ihren Schubladen, Ordnungen, zwischen Hirn und Herz und auch zwischen den

Formen. Denn im Unsicheren, Doppeldeutigen, Unperfekten entsteht Neues, ist die Verwandlung, finde ich das andere – und so sie kommt, auch die Kunst.

Allerdings war es mir hier wichtig, verständlich zu machen, wie mir geschah. Dass da was rüberkommt, an Gedanken und Gefühlen. Das ist naturgemäß schwierig, wenn man sich im Dazwischen befindet, denn da verschwimmt ja alles mal mehr und mal weniger, im Rauschen. Da ist nicht schwarz und weiß, entweder – oder, richtig oder falsch, katholisch, protestantisch, muslimisch oder buddhistisch. Da ist das Sowohl-als-auch und, man muss es wohl akzeptieren, auch das Gute im Falschen.

Jetzt bin ich wieder hier, oder immer noch, an meinem Ort, von dem ich auszog wie Odysseus. Aber ich bin nicht mehr dieselbe, die Menschen um mich herum sind es auch nicht. Einiges hat sich verändert. Und vieles ist gleich geblieben. Was hat sich verändert? Es ist die Haltung.

Der Fotograf Jim Rakete wollte einmal herausfinden, was geschieht, wenn man Menschen nicht mit unserer zeitgemäßen Technik porträtierte. Also schnell, digital und Selfie. Sondern sie vor ein Auge stellte, das länger bräuchte, um sich ein Bild der Person zu machen. Es war eine mechanische Kameralinse mit einer Belichtungszeit von einer Achtelsekunde. Das bedeutete: Der Mensch vor der Kamera musste, in dem Bewusstsein fotografiert zu werden, eine Achtelsekunde lang still stehen. Das bedeutete: Der Mensch musste sich überlegen, wie er so lange still stehen konnte – um dem Bild seiner selbst zu gleichen. Denn das sollte es werden: Das Porträt einer Person. Das war dann, wenn es gut ging, ein Augenblick, in dem alles zusammenkam: Die Person war in ihrem Anliegen und ihrem Verhalten stimmig, sie erkannte sich selbst und andere auch, und sie war schön. Und in diesem Augenblick, das war die Erkenntnis des Fotografen, wurde das Wesentliche wichtig: Der Mensch nahm eine Haltung an.

Ich habe den Eindruck, dass mir das jetzt, nach dieser waschanlagenartigen Transformation, öfter und besser gelingt. Ich weiß genauer, wo ich stehen will – und da stelle ich mich hin. Egal, ob das opportun ist oder angemessen und angepasst. Im Gegenteil: Widerstand macht Freude. Und umso besser, wenn jemand mich dabei sieht: mein Freund, die Zellennachbarin, die Kokon- oder Turbofreundin, die Kollegen, die Menschen, für die ich arbeite – oder die im Wachturm.

Jeder Mensch hat andere Fähigkeiten und Möglichkeiten. Meine habe ich genutzt, indem ich rausging und mich als Vermittlerin betätigte. Ich habe jungen Menschen zugehört, die mir erzählten, wie sich ihre Wut anfühlte, warum sie außer sich gerieten und andere, aber auch sich selbst verletzten. Ich ging raus aus meinem Ghetto, in Milieus, die ich nur vom Hörensagen gekannt hatte, es gab da viel Rotes und viel Blaulicht, Waffen, Drogen, Machos, Gewalt, Stars und Frauen, die wie Puppen behandelt wurden, es machte mich wütend, aber ich musste auch lachen: weil es mir so fremd war, dass ich es komisch fand, obwohl die Menschen in diesem Milieu so viel dafür taten, ernst genommen zu werden. Ich ging raus auf die Straße und in Versammlungen, um meinen Widerstand zu demonstrieren, und ich half einer Politikerin, ein Buch zu schreiben, das auch mir wichtig war. Ich ging raus und saß wochenlang in der Kälte, mit Jugendlichen, die ihr halbes Leben in Lagern verbracht hatten, weil sie in unser

Land geflohen waren; wir gaben ihnen eine Theaterbühne, auf der sie erzählen konnten, von ihren Geschichten und ihren Gefühlen, und Aufmerksamkeit bekamen und zum ersten Mal in ihrem Leben: Anerkennung in Form von Applaus. Ich ging raus, um zu lernen, Menschen in die Augen zu schauen, auch weil mein Sohn eines Tages sagte: »Warum guckst du immer weg, wenn einer bettelt?« Ich ging zu einer Mutter, die ihr Kind verloren hatte, es war der schwerste freiwillige Gang meines Lebens. Weil ich wusste, dass mir die Worte fehlen würden. Ich bin auf den Tod zugegangen, weil ich Angst davor hatte, nicht zu wissen, wie ich mich verhalten sollte, wenn er plötzlich da wäre, ich hatte Angst vor dem Tod meiner Eltern, seit ich denken konnte. An den meiner Kinder hätte ich nicht mal zu denken gewagt. Ich sah dem Tod in die Augen, mit Hilfe einer Bestatterin, die sich dafür Zeit nahm. Ich schrieb ein Buch mit ihr. Ich ging raus, ein paar Stufen die Treppe hinunter, um Frau R. die kleine knöcherne Hand zu schütteln, über die Straße, um meiner Freundin zu zeigen, ich bin da, auch wenn du glaubst, mich nicht zu brauchen, und ich ging öfter mal ganz weit weg, um meine Welt auf den Kopf zu stellen, vom Norden auf den Süden, und ganz heftig durchzuschütteln.

Und je mehr ich das alles tat, desto mehr wuchs – nicht mein Konto, sondern meine Kraft zu unterscheiden, was wichtig ist und was überflüssig, egoistisch, larmoyant und ungerecht und kalt. Worum es eigentlich geht. Nämlich um unser gemeinsames Leben auf diesem Planeten. Und nicht irgendwie, sondern kraftvoll und zupackend, prall und stimmig, zündend und gut, Leben mit Herzenswärme, Freude, Esprit, Offenheit und Tiefe, Leben mit Schmackes.

Der Pianist Artur Rubinstein, der sehr alt wurde, sagte, er sei als junger Mensch sehr faul gewesen, denn es habe vieles in seinem Leben gegeben, was ihm wichtiger gewesen sei als das Üben: gutes Essen, gute Zigarren, große Weine, schöne Frauen. In den lateinischen Ländern – er meinte meine katholischen – habe man ihn wegen dieses Temperaments geliebt. Doch in England und Amerika habe das Publikum gemeint, »für sein Geld alle Noten hören zu müssen«. Viele habe er jedoch unter den Tisch fallen lassen, »vielleicht dreißig Prozent«. Er sei immer tief beeindruckt gewesen von der Technik seines Kollegen Leopold Godowsky, der immer alle Noten spielte, und doch fragte sich Rubinstein: »Aber was hatte er davon? Er war ein unglücklicher, verkrampfter Mensch, der sich elend fühlte, wenn er nicht am Klavier saß.« Rubinstein fragte sich, kokett: Ob der sein Leben nicht verpasst habe?

Der Witz ist, dass in der Spielweise von Rubinstein etwas lag, was mich schon als Kind zum Heulen brachte. Obwohl ich Lebensfreude noch nicht buchstabieren konnte.

Meine Ausbrüche waren keine Fluchten, wie viele reflexhaft denken, wenn jemand seine gewohnte Einrichtung verlässt. Und sie waren nicht, wie ich selbst manchmal dachte, ein letztes Aufbäumen der Lebenslust vor dem Ruhestand. Dafür ist noch zu viel Zeit, die man sinnvoll nutzen kann. Ich bin anders geworden und vielleicht bin ich wieder mehr so, wie ich früher war, als Kind, als junge Frau. Weniger arriviert, weniger angepasst. Störrischer, widerspenstiger. Ich mache nicht mehr alles mit, nur weil es passend ist oder einfacher. Ich tue möglichst nur noch das, was ich richtig finde. Ich bin nicht mehr so harmlos und ich funktioniere nicht mehr so geschmeidig und meine Wege bergen mehr

Risiken. Aber ich bin auch besser zu erkennen. Vor mir selbst und für andere. Ich sage nicht mehr zu allen Aufträgen Ja und Amen. Einige lehne ich ab, manchen biete ich Paroli und die meisten Richtungen gebe ich in meiner Arbeit jetzt auch mir selbst vor.

Wenn ich es nicht so dringend gewollt hätte, ich wäre nicht in die zentralasiatische Steppe gekommen, ich hätte nie den Bogen gespannt, zu dem Mann mit den zwei Äpfeln. Mit dem ich mich nicht nur durch unseren Augenblick verbunden fühlte, quasi spirituell. Sondern auch materiell: Weil seine Tochter auf dem Feld die Baumwolle erntete, die meine Kinder zu Spottpreisen später auf dem Leib trugen.

Und wenn ich nicht rausgegangen wäre, hätte ich dieses Buch nie geschrieben. Mich aber ein Leben lang danach gesehnt. Es ist für mich nicht eines von vielen, es ging mir damit wie dem Zeichner der Affenbrotbäume. Nie hätte ich gedacht, dass ich einmal den »Kleinen Prinzen« zitieren würde. So kitschig fand ich ihn, bis meine Kinder ihn lasen. Man wird empfindsamer. Der Prinz bittet da den Autor, ihm Affenbrotbäume zu zeichnen, um die große Gefahr zu bannen, die sie für seinen Planeten darstellen. Der Autor, der immer glaubte, er könne nicht zeichnen, tut es ausnahmsweise doch und sagt dann: »Als ich die Affenbrotbäume zeichnete, war ich vom Gefühl der Dringlichkeit beseelt.« So ging es mir beim Schreiben dieses Buches. Denn in diesem Satz steckt sehr viel von dem, was ich gut finde: Er ist stimmig, er ist zündend, er ist schön. Er hat ein Geheimnis, er ist ein bisschen pathetisch. Und so wahr.

Meine Freundin – die mit der lässigen Tochter – hat einmal, es ist Jahre her und meine Kinder waren klein, zu mir gesagt: »Wenn du meinst, du würdest ihnen gegenüber etwas falsch machen, denk dran: Es ist nie zu spät, etwas zu ändern.« Es war ein Gedanke ähnlich dem, der mir gegenüber meiner anderen Freundin über die Lippen flutschte, als ich auf ihrem Wohnzimmerboden saß und mich plötzlich erleuchtet fühlte. Ich selbst verstand ihn eines Tages, als ich mit schlechter Laune aufstand und mittags plötzlich dachte: Wieso glaubst du eigentlich, der ganze Tag wäre gelaufen? Er könnte jetzt noch kippen. Ein revolutionärer Gedanke von frappierender Schönheit. Und man kann sich sogar daran halten.

EIN VORSATZ AM ENDE

Meinen Kindern geht es gut, sie sind gesund und munter. Seit dem Unfall begleitet mich ein Schatten, es ist die Angst vor ihrem Tod. Wenn das Handy klingelt, wenn die Schule anruft, bei jedem Martinshorn. Mein Freund sagt, er habe durch den Unfall gelernt, sich keine Ziele mehr zu setzen. Er lasse das Leben jetzt auf sich zukommen. Ich habe den Eindruck, er ist zufriedener geworden. Ich bin durch den Unfall nicht stärker geworden. Sondern verletzlicher. Noch so einen, das fürchte ich, würde ich nicht meistern. Der Angst versuche ich gerade so viel Macht über das Leben zu geben, dass sie es intensiviert und mich erinnert: Wir haben nur dieses. Lasst uns mutig sein und leben, lasst uns singen, lachen und tanzen und dann, ja, dann erst schlafen.

AUS DER WERKZEUGKISTE

Es gibt Bücher, die kriegen Kniffe und Eselsohren. Wenn da ein Satz steht, der mich anspringt. Es gibt nämlich Sätze, die treten aus dem Textblock heraus, sie nehmen ein Eigenleben an, eine Form, sie funkeln wie Brillanten. Auch deswegen lese ich, es ist eine Schatzsuche. Solche Sätze helfen beim Denken. Und dann beim Schreiben. Beim Schreiben steige ich in den Keller meiner Gefühle und versuche, wieder aufsteigend, mich von einem Wort zum nächsten hochzuziehen, wie an einer Kette. Nicht immer schafft man das aus eigener Anstrengung und einige Male in diesem Textgeknüpfe brauchte ich einen Satz von außen, der dann wie ein Glied funktionierte. Ohne diese Bücher hier wäre ich nicht da angekommen, wo ich hin wollte. Nämlich nicht nur raus, sondern auch an: bei Schlussfolgerungen.

Die Werkzeugkiste ist also keine Literaturliste, mit der ich protzen will, was ich alles zitiert oder unzitiert gelassen, gelesen oder auch ungelesen in mein Regal gestellt habe. Gelehrte, die so richtig auf Zack im Diskurs sind, finden sie huntertpro angestaubt und eklektisch. Genau das mag ich an ihr. Sie ist mehr eine Danksagung und ein Shout-out im Sinne einer Playlist. Für mich macht sie Musik.

Vor den Büchern die Sätze, die mich aus Zeitungen angesprungen haben:

Joachim Bauer: »Hallo, liebe Nutztiere«, in: SÜDDEUT-SCHE ZEITUNG vom 16. Juli 2014

Ulrich Beck: »Wofür brauchen wir eigentlich Wachstum«, in: BRIGITTE – 6/2009

Daniel Brühl und **Niki Lauda:** »Ich wusste halt immer: in der nächsten Runde kann ich tot sein«, in: SZ-Magazin – 38/2013

Matthias Drobrinski: »Das maßlose Glück«, in: SÜDDEUT-SCHE ZEITUNG vom 24., 25., 26. Dezember 2013

John Günther und **Alfred Kaine:** »Der Mann fürs Leben«, in: SZ-Magazin – 21/2009

Jesper Juul: »Man kann seine Kinder auch einfach nur genie-ßen«, in: SÜDDEUTSCHE ZEITUNG vom 7. Mai 2012

Steven Petersen: »Armes, schlaues Superkind« in: SPIEGEL Special – 7/2008

Peter Richter: »Die sicherste Großstadt der USA«, in: SÜD-DEUTSCHE ZEITUNG vom 29. August 2013

Hartmut Rosa: »Wir stehen alle unter Optimierungszwang«, in: DER SPIEGEL WISSEN vom 19.2.2013

Manfred Spitzer: »Lernen macht glücklich« auf dem tts Knowlede Transfer Forum 2011

Achatz von Müller: »Immer mehr ist immer weniger«, in: DIE ZEIT vom 12. Januar 2006

Andreas Altmann mit seiner »Gebrauchsanweisung für die Welt« hat mir zum Beispiel aus dem Herzen gesprochen, weil er ziemlich genau das beschreibt, was auch ich am Reisen und In-der-Welt-sein so faszinierend (und auch blöde) finde. Außerdem hat er eine außerordentliche Begabung, brillante Sätze von anderen zum Besten zu geben. (Piper, München 2012)

David Bainbridge hat mir mit »Wir Middleager. Unsere besten Jahre« auf eine sehr britische Art – also toll, mit Selbstironie und Witz – mein aktuelles Mittel-Alter schmackhaft und geradezu erstrebenswert gemacht. Und zwar ohne die überhebliche Attitüde, die Hirnforscher vor sich her tragen dürfen, seitdem ihr Fach so IN ist. Und die auch noch behaupten, die letzten Geheimnisse der Menschheit dem Hirn, den Hormonen und den Genen entreißen zu können. Erstens wussten wir Literaten auch ohne die Begründung »Dopaminausschüttung«, dass Händchenhalten gut ist. Zweitens ist auch das Gehirn nicht der liebe Gott. (Klett-Cotta, Stuttgart 2013)

Sarah Bakewell ist mit »Wie soll ich leben? Oder Das Leben Montaignes in einer Frage und zwanzig Antworten« eine wunderbare Melange aus Biografie, Philosophie und Erzählung gelungen und hat mich so in den ersten Essaysisten unserer Kultur verschossen gemacht, dass ich sogar anfing, seine Essays in einer völlig unzeitgemäßen Übersetzung zu lesen. Eigentlich hat Montaigne schon alles gesagt, was ich auch sagen will, und auch ziemlich genau mit der gleichen »ich-igen« Haltung. Heute würde man ihn Blogger nennen und man könnte meinen: Der Typ hat mich abgehört! Aber nicht mal diese Idee ist originell – es hatten sie fast alle seine leidenschaftlichen Leser in den 400 Jahren vor mir. (C. H. Beck, München 2012)

In **Benjamin R. Barbers** »Consumed! Wie der Markt Kinder verführt, Erwachsene infantilisiert und die Demokratie untergräbt« findet man eine Systemkritik, die leider nur in den USA ein, wie ich finde, ziemlich griffiges Schlagwort kreiert hat: den Konsumismus. Ich verstehe nicht, wieso es bei uns nicht viel öfter fällt. Es wäre sehr hilfreich für die Verständigung darüber, was nervt an unserem System. (C. H. Beck, München 2008)

Roland Barthes »Fragmente einer Sprache der Liebe« ist das abgegriffenste Buch in meinem Regal. Hätte es diese Fragmente nicht gegeben, ich hätte bestimmt mein Studium geschmissen. Denn sie passen, wie ihr Autor, in keine Schublade und das hat mir Hoffnung gegeben. Barthes schreibt über die Liebe, literarisch, soziologisch, lexikalisch, poetisch, historisch, euphorisch. Sogar in Frankreich hatten sie deswegen Probleme mit ihm. Weil er für keine Disziplin reinrassig genug war. Ich liebe ihn! Anders kann ich das nicht sagen. (Suhrkamp, Frankfurt am Main 1984)

Und vor allem liebe ich **Barthes** irgendwie auch kryptischen Text über den Maler »Cy Twombly«. Barthes beschreibt da, was er beim Anblick des Striches von Twombly empfindet, dass das Linkische, Raue daran ihn rührt. Ich wusste lange nicht mal, wer Twombly ist. Und dann stand ich eines Tages vor diesen Bildern, die viel größer waren als ich angenommen hatte, und dachte: Die will ich jetzt umarmen und küssen. Das lag nicht an den Herzen, die er hie und da gemalt hatte. Es lag an seinem Handstrich. (Merve Verlag, Berlin 1983)

Roy Baumeisters »Die Macht der Disziplin. Wie wir unseren Willen trainieren können«, das er zusammen mit **John Tierney** schrieb, ist nur ein Beispiel für die im Amerikanischen sehr pragmatisch ausgeführte Ideologe des: »Wenn du nur willst, dann gelingt dir die perfekte Anpassung, sprich: Er-

folg.« Ich nenne den hier nicht, weil ich ihn gut finde, sondern weil es Spaß machen kann, diese Art von Ratgebern,
von denen es tausende gibt, gegen den Strich zu lesen. Wie
ein Detektiv auf der Spur der Selbstoptimierungs-Ideologie.
(Campus, Frankfurt 2012)

Christina Berndt fasst die neuere Forschung zusammen über
»Resilienz. Das Geheimnis der psychischen Widerstandskraft«. Lange hat die Psychologie den Menschen von seiner
gestörten Seite her betrachtet, als Patient. Neuerdings fragt
sie, auch Positive Psychologie genannt, nach dem, was den
Menschen stabil und stark macht. Dafür braucht es manchmal nur einen einzigen Menschen, wenn um das Kind herum die Welt tobt. (dtv, München 2013)

Sabine Bode beschäftigt sich in »Kriegsenkel: Die Erben der
vergessenen Generation« mit den Folgen, die der Zweite
Weltkrieg bei den Kindern und ihren Kindeskindern angerichtet hat. Ich fand das interessanter als meine Mutter. Die
denkt lieber über die Zukunft ihrer Enkelkinder nach. Ist ja
auch berechtigt. (Klett-Cotta, Stuttgart 2014)

Leider geht es mir mit den Soziologen, die ich schätze, oft so
ähnlich wie mit Roy Baumeister. Nur andersrum. Sie sagen
kluge Dinge, aber in einer Sprache, die detektivische Aufmerksamkeit verlangt. **Heinz Bude** sagt in einem Interview
mit dem SPIEGEL ganz klar, dass meine Generation der
Vierzigjährigen sich andauernd mit dem perfekten Leben,
aber nicht mit den letzten Dingen befasst. In »Gesellschaft
der Angst« will er, glaube ich, sagen, dass wir uns zu sehr
am Außen und zu wenig an unserem Mut orientieren. Zu
viel taktieren, zu wenig riskieren. Vermutlich hat er recht.
(Hamburger Edition, Hamburg 2014)

Die Glücksforschung füllt, fast wie die Hirnforschung, Regale und auch ich habe mal vor zehn Jahren ein halbes Heft damit voll geschrieben. Hängen geblieben ist mir vor allem die Unterscheidung von schnellem Kick und versunkenem Flow, wie sie einer der Klassiker der Forschung, **Mihály Csíkszentmihályi**, definiert hat: »Flow – der Weg zum Glück«. (Herder, Freiburg 2010)

Dave Eggers fragt in »Der Circle«: Was macht die digitale Welt mit dem Ich? Er nennt es Roman, es ist aber fast ein dokumentarisches Szenario: Nur ein paar Schritte weiter und auch ich bin total transparent und außengeleitet. Hier treffen sich Gesellschaftsanalyse und Social Fiction auf erschreckend faszinierende Weise. (Kiepenheuer & Witsch, Köln 2014)

Über Depressionen und alle anderen Arten von Erschöpfungssyndromen gibt es Kilometer von Büchern, aber **Alain Ehrenberg** untersucht in »Das erschöpfte Selbst. Depression und Gesellschaft in der Gegenwart« einleuchtend einen für ihn eindeutigen Zusammenhang: Unsere Gesellschaft macht uns krank. (Suhrkamp, Frankfurt am Main 2008)

Ich mag an ihrem Text, dass **Carolin Emcke** ihr Ich thematisiert. Vielen Journalisten fällt das sehr schwer. Sie glauben, sie verlören dadurch ihre Objektivität. Die es, sobald einer mehr als protokolliert, eh nicht geben kann. Und die dadurch verhindern, dass der Leser erkennen kann, wie der Autor was und warum auswählt, einordnet, komponiert. Emcke ist Kriegsreporterin, Philosophin und lesbisch, und am meisten beeindruckt hat mich in »Wie wir begehren« ihre Überlegung, welche Wörter, Zeichen und Begriffe der Mensch für sein erotisches Empfinden verwendet. Und wie es ihn prägt. Oder sie. (Fischer, Frankfurt am Main 2013)

Meine Mutter hat mir ihre Liebe zu Gedichten vermacht, auch in Form eines Sammelbandes: **Hans Magnus Enzensbergers** »Museum der Modernen Poesie«. Es stammt aus ihrer Studienzeit, und ich habe es noch heute neben dem Bett liegen und gucke darin immer wieder mal nach Bertold Brecht, Ingeborg Bachmann oder Pablo Neruda. Alle anderen Gedichtbände, von Rainer Maria Rilke oder Joachim Ringelnatz, habe ich neben dem Lokus gestapelt: Manche Menschen kommen nur da zum lesen. (Suhrkamp, Frankfurt am Main 1960)

Als ich den Titel von **Daniel Everetts** Buch las: »Das glücklichste Volk. Sieben Jahre bei den Pirahã-Indianern am Amazonas«, hätte ich nicht vermutet, wie sehr mich diese Lektüre beeindrucken würde. Ich weiß nicht mal, wieso ich es überhaupt angefangen habe. Vermutlich hatte ich Urlaub und Geduld übrig. Das wünschte ich mir öfter. Denn der Missionar und Linguist stellt hier seine ganze Welt auf den Kopf. (DVA, München 2010)

Im Studium habe ich mich geduckt, wenn durchs Seminar die Namen Foucault, Lacan oder Derrida schwirrten. Die waren zu meiner Zeit *in* und sie machten mir Angst. Weil alles so kompliziert klang. Seiner Angst kann man sich bekanntermaßen stellen, wir – eine theologische Autonome, ein Faßbinder-Fan und meine Wenigkeit – gründeten eine Foucault-Arbeitsgruppe und so erschaudere ich heute, wenn ich seine Bücher aufschlage: Überall ist was unterstrichen und gehighlighted. So gelehrt war ich mal. Aber ein bisschen was ist hängen geblieben und hat sich abgesetzt: Die Distanz zu dem, was wir denken, empfinden und wie wir uns verhalten, in **Michel Foucaults** »Ordnung des Diskurses«. (Fischer, Frankfurt am Main 1991)

Und ders.: »Mut zur Wahrheit. Die Registrierung des Selbst und der anderen II« (Suhrkamp, Berlin 2010) Ich finde, dieses Werkzeug fürs Weltbild ist immer noch zu gebrauchen.

Manche Gedanken sind so durchgeknallt, dass man lachen muss, wenn man sie kapiert. Der von **David Graeber** ist so einer: Schulden sind nicht wirklich. Schulden sind Luft. Einfach nur ein gewiefter Einfall, um Abhängigkeiten zu schaffen. »Schulden. Die ersten 5000 Jahre«. Ich bin nicht ganz bis heute gekommen. Aber amüsiert habe ich mich trotzdem. (Klett-Cotta, Stuttgart 2012)

Das Bändchen von **Max Horkheimer** und **Theodor W. Adorno** über die »Dialektik der Aufklärung« ist sogar schon am Rand vergilbt und wirklich nicht mehr ganz frisch. Aber der Gedanke, der mich, als ich es las, überraschte, ist hängengeblieben. Und hat mittlerweile wieder viel mehr Anhänger gefunden. Nämlich, dass wir durch die Rationalisierung unsere Welt entzaubert haben. Und dass das nicht nur Vorteile hat. (Fischer, Frankfurt am Main 1989)

In meinem Regal stehen einige Meter Bücher mit pink- oder lilafarbenem Einband. Das sind laut Käuferpsychologie offenbar die Signalfarben für Frauen/Lektüre. Ich kann sie nicht leiden und es ist auch in diesen Büchern viel heiße Luft. Aber nicht in denen der Soziologin **Eva Illouz**. »Warum Liebe weh tut« müsste nach meinem Geschmack ein blutrotes Cover haben. So stringent analysiert Illouz Frauen- und Gesellschaftsbilder. Ich habe sie mal interviewt und das war, als könnte man dabei zuschauen, wie das Gegenüber vor dir, live, einen Gedanken entwickelt und zu einer faszinierenden Arabeske auftürmt. Klug, schön. Und eine von den ganz wenigen pinkfarbenen Buchschreiberinnen, die offen und weit denkt. (Suhrkamp, Berlin 2011)

Was die Bestatterin **Susanne Jung** vom Tod gelernt hat, haben wir zusammen aufgeschrieben, in »Besser leben mit dem Tod. Oder: Wie ich lernte, Abschied zu nehmen«. Diese großartige Frau hat mir viele Fragen beantwortet, vor denen ich Angst hatte. Und zwar beizeiten. Die meisten, die es kennen, sagen nämlich, sie hätten das Buch früher lesen sollen. Bevor sie dem Tod von geliebten Menschen zum ersten Mal begegneten. (Klett-Cotta, Stuttgart 2013)

Alles, die Sprache, die Sehnsucht, die Briefe, die Penthesilea, das Ach der Alkmene von **Heinrich von Kleist**: »Sämtliche Werke und Briefe«. (dtv, München 2011)

Ich bin keine Buddhistin. Aber was ich von diesem Weltbild verstanden habe, finde ich erstrebenswert, und nicht schlecht, dass wir aus dem Westen uns in den letzten Jahren von dieser asiatischen Philosophie verlocken haben lassen. **Jack Kornfield** hat sie mir in »Das weise Herz. Die universellen Prinzipien buddhistischer Psychologie« übersetzt. Es ist für mich ein großes Buch. (Arkana, München 2008)

Mit **Katja Kullmann** teilte ich nicht die Leidenschaft für »Ally McBeal«, aber sonst stimme ich ihr in fast allem zu. Vor allem in ihrer seltenen Mischung aus politischer Haltung, Fakten und Stillleben. Wie in »Echtleben. Warum es heute so kompliziert ist, eine Haltung zu haben«. *This is a Shout-out to a homy.* (Eichborn, Frankfurt am Main 2011)

Sven Kuntze beschreibt in »Die schamlose Generation«, was auch mir fehlt. In einem ziselierteren Ton und von einer anderen Perspektive her als ich, nämlich als 68er, oder wie er es nennt: als Vierziger. (C. Bertelsmann, 2014)

Ich muss gestehen, dass ich **Emmanuel Lévinas** »Die Spur des Anderen: Untersuchungen zur Phänomenologie und Sozialphilosophie« nicht gelesen habe, sondern gefunden. Im

Netz. Als ich auf der Suche war nach einem Philosophen, der den Schlüssel hätte für mein Denken von körperlicher Erkenntnis. Das ist er. (Alber, Freiburg 2012)

Nach dem Unfall meiner Familie empfahl mir ein Freund den Traumatherapeuten **Peter Levine**. In »Sprache ohne Worte. Wie unser Körper Trauma verarbeitet und uns in die innere Balance zurückführt« beschreibt er seinen eigenen Unfall, seine Arbeit und seine, auch aufgrund von biologischen Forschungen gewonnene, Überzeugung, dass der Körper Erinnerungen speichert. Und sie abreagieren kann. Ich hoffe, das große Zittern, dieses Beben im Körper, muss nie wieder kommen. Dieses Buch kann auch in harmloseren Lebenslagen zur Anwendung kommen. Denn es lässt den Menschen ganz. (Kösel, München 2011)

Wiedergefunden habe ich im Netz auch manche Sätze, die sich über die Jahre in meinem Poesie-Album gesammelt haben. Da halte ich die Brillanten fest und weiß dann nicht mehr, woher ich sie hatte. Wie der von **Juan Miró**, dessen himmelhochjauchzende Bodenhaftung mir sehr entgegenkommt. (Lluís Permanyer: »Miró. La vida de una pasión«, Edicions de 1984)

Evgeny Morozov kritisiert in »Smarte neue Welt. Digitale Technik und die Freiheit des Menschen« den vom Silicon Valley als *Dernier Cri* verkauften Anspruch, das Selbst anhand von digitalen Messtechniken andauernd optimieren zu wollen. Es ist quasi das Sachbuch-Pendant zum Roman von Dave Eggers. Und daraus funkelt der Satz hervor, auf den hier (fast) alles hinaus lief. (Blessing Verlag, München 2013)

Als ich **Robert Pfallers** »Wofür es sich zu leben lohnt. Elemente materialistischer Philosophie« zu lesen versuchte, war ich erst sehr begeistert. Von seinem Furor gegen die Vernüchterung unserer Welt, gegen Rausch, Rauch und schwarzen Humor. Dann hat es mich traurig gemacht, weil er so verschwurbelt über so wichtige Dinge schreibt. Und ich habe mir gewünscht: Das würde eine/r übersetzen. (Fischer, Frankfurt am Main 2011)

Ariadne von Schirach hat mit »Du sollst nicht funktionieren. Für eine neue Lebenskunst« das Buch veröffentlicht, das ich zuerst schreiben wollte. Doch mir fehlte die Zeit. Ich glaube, es ist gut. Ich konnte es nicht lesen. (Klett-Cotta, Stuttgart 2014)

Richard Sennett ist Soziologe und ein guter Erzähler. Das ist, vor allem im deutschen Sprachraum, eher selten, dafür sind unsere Akademiker berüchtigt. Ich fände es supertoll, wenn sie einfach sagten, was ist und was sie darüber denken. Und es nicht in ihren Jargon verpackten, wie in fünf Zellophanhüllen mit schillernden Bändern, die ich entknoten muss. »Der flexible Mensch. Die Kultur des neuen Kapitalismus« und »Respekt im Zeitalter der Ungleichheit«. (Siedler, Berlin/München 2000 und 2012)

Peter Sloterdijk habe ich gekauft, ich dachte: Der macht was her. Jetzt steht das Buch neben den anderen. Ungelesen. Vermutlich würde ich es gar nicht mögen. Aber der Titel ragt halt schon raus: »Du musst dein Leben ändern«. (Suhrkamp, Frankfurt am Main 2012)

Andrew Solomons »Saturns Schatten. Die dunklen Welten der Depression« würde ich mitnehmen auf die Insel. Wenn sie bei Grönland liegt. (Fischer, Frankfurt am Main 2001)

In der Schule hielt ich ein Referat über **Kurt Tucholsky** und man muss sagen: Es war eine Fleißarbeit, ich verschlang ihn. Da ist was im Flirren seiner Blätter, in seiner Art zu denken, zu scherzen und traurig zu sein, die... ich hätte ihn auch als Mensch sehr gemocht. Später, als auf der Journalistenschule alle von der »Königsform Reportage« schwadronierten, war ich konsterniert. Für mich war die Königsform das kleine Feuilleton. In den »Gesammelten Werken« von Tucholsky. (Rowohlt, Reinbek bei Hamburg 1990)

Der Psychiater **Paul Verhaeghe** hat in »Und ich? Identität in einer durchökonomisierten Gesellschaft« vieles beschrieben, aus seiner Praxis und aus der Gesellschaft, was mich auch stört. Nur leider wartet man vergebens auf den Ausweg. Das wollte ich anders machen. Ich hoffe, es ist mir gelungen. (Antje Kunstmann, München 2012)

Obwohl **Harald Welzer** Soziologe ist, spricht er so, dass auch ich ihn verstehe. Und dann hat er auch noch ein Buch geschrieben, das mich, ja, dazu gebracht hat, meine Selbstzweifel zu überwinden und dem zu trauen, was ich empfinde und lang schon sagen wollte. Dank an: »Selbst denken. Eine Anleitung zum Widerstand«. (Fischer, Frankfurt am Main 2013)

In diesem Roman stecken die schönste Teegesellschafts-Analyse, die schönste Seelenliebe, der schönste Sonnenuntergang und der befreiendste Schluss. »Kein Ort. Nirgends« von **Christa Wolf** ist immer noch das Buch, nach dem ich greifen würde, wenn mich einer in die dunkle Kammer stecken wollte. (Luchterhand, München 1984)

Klassiker heißen nicht umsonst so. Weil es da um zeitlose menschliche Konstanten geht. Dass das aber auch mit **Virginia Woolfs** Wunsch »Ein eigenes Zimmer« so ist, etwas, das sich leichthin ändern ließe, ist schon merkwürdig. Da ich aber den wiederkehrenden Traum träume, in meinem Haus öffneten sich plötzlich neue Zimmer, Trakte und Fluchten – frage ich mich, ob der Raumtraum vielleicht doch genetisch determiniert ist; feminisitsch genetisch determiniert. (Fischer, Frankfurt am Main 2001)

Ich bin aber nicht nur (alten) Frauen dankbar. Sondern auch diesen (alten) Männern: **Artur Rubinstein, Leonard Bernstein** und **Menahem Pressler**. Von Rubinstein habe ich immer eine Platte aufgelegt, **Sergej Rachmaninoffs** drittes Klavierkonzert, aus einer roten Pappschachtel, da muss ich sechs gewesen sein, meine Oma war gerade gestorben. Seine Memoiren nannte er: »Mein glückliches Leben« (Fischer, Frankfurt am Main 1980). Leonard Bernstein habe ich mal als Jugendliche Mozarts »Requiem« dirigieren sehen und in dem Moment, als er, mit dem Stock in der Hand, zu wippen anfing: touché, in love! Seine Biografie als Lebemann hat mir meine Liebe später legitimiert. Bei dem Pianisten Menahem Pressler, auch so ein Mann aus einer anderen Zeit und speziellen Kultur, offen, lebensfroh und schlau, habe ich zuletzt geheult, live. Selbstverständlich höre ich auch andere Musik. Für die würde der Platz hier nie und nimmer ausreichen.